獻　給

香 港 浸 會 學 院
上 過 筆 者 課 的 學 生

繁星與道德

羅秉祥著

繁星與道德

三聯書店(香港)有限公司

責任編輯　李淑娥
裝幀設計　阮永賢

書　　名　**繁星與道德**
作　　者　羅秉祥
出　　版　三聯書店（香港）有限公司
　　　　　香港北角英皇道499號北角工業大廈20樓
　　　　　JOINT PUBLISHING (H.K.) CO., LTD.
　　　　　20/F., North Point Industrial Building,
　　　　　499 King's Road, North Point, Hong Kong
發　　行　香港聯合書刊物流有限公司
　　　　　香港新界大埔汀麗路36號3字樓
印　　刷　陽光印刷製本廠
　　　　　香港柴灣安業街3號6字樓
版　　次　1993年2月香港第一版第一次印刷
　　　　　2012年7月香港第一版第七次印刷
規　　格　大32開（140×203mm）232面
國際書號　ISBN 978-962-04-1067-3

自 序

德國18世紀大哲學家康德，在其第二批判書(《實踐理性批判》)結論部分寫下這句名句："有兩件事物，我們愈不斷及專注向它們作反省，便愈益感到懍然敬畏。這兩件事物便是在我上面充滿**繁星**的天空，和在我裏面的**道德**律。"

說到倫理道德，很多人會望而生畏，好像對倫理學或道德哲學有興趣的人，都患上了"道德潔癖"一樣。其實倫理道德並不是那麼嚇人的。

人生在世，免不了會下一些價值判斷。在藝術生活中，我們常會判斷什麼是美，什麼是不美或醜。我們會判斷有些音樂很好聽或悅耳，判定另一些音樂(或所謂音樂)很難聽或吵耳。我們也會下判斷說有些美術作品(如19世紀法國的印象派繪畫)很美，另一些所謂美術(如所謂抽象派美術)很難看。這些審美的判斷都是一些價值判斷。

人類生活中，另一類重要的價值判斷是在人的道德生活中。道德，簡言之，是一種價值；道德是一種與人的品行、操守及人格有關的價值，是人類生活中與是非、

1

對錯、善惡及好壞有關的價值。正如人有審美的能力，很自然地會對事物下美或醜的價值判斷；同樣地，人也有道德能力，很自然地會對人(他人及自己)的行事為人下是或非、對或錯、善或惡、好或壞的價值判斷。不管我們有沒有染上所謂"道德潔癖"，在每天生活中，我們都不能逃避作道德性的價值判斷。一個損人利己的人與一個樂善好施的人都同樣不斷要作道德判斷，分別是大家的道德標準不同而已。

在日常口語中，"倫理"與"道德"好像是同義詞一樣；而在哲學中，"倫理學"與"道德哲學"也常被交換使用，好像是同一個學科的兩個不同名稱般。嚴格來說，中文的"倫理"與"道德"是有區別的。所謂"倫理"，是指存在於特定**人倫**關係中的**理**或規範，如《大學》所言："為人君，止於仁；為人臣，止於敬；為人子，止於孝；為人父，止於慈；與國人交，止於信。"又如《禮記‧禮運》所言："父慈，子孝；兄良，弟悌；夫義，婦聽；長惠，幼順；君仁，臣忠。"因此"倫理"是指存在於一些特定人際關係中的行為規範。

"道德"則不是特定性，而是普遍性的，是適用於任何人的行為規範。"道"是人類行為應該遵循的普遍原則，"德"則是德行，是這個道在人生活中的實際體現。因此，仁、義、禮、智，及禮、義、廉、恥等屬於道德，而忠(只適用於事君)、孝(只適用於事親)、貞(只適用於事夫)等屬於倫理。

在現代用語中，我們已不再作上述的區分。倫理與道德都是指與人的品行、操守及人格有關的價值。

有些人談道德色變，因爲他們覺得道德會約束人的行爲，干涉人的行爲自由。其實我們不必患上道德恐懼症，因爲正確的道德，並不會成爲人的桎梏；相反的，道德是爲人服務，使人生命提昇，人格更高尚美善，脫離禽獸的層次。沒錯，人享有自由，可是自由並不表示放縱，並不表示在公德和私德皆可放肆隨便。道德好比是河床，人的生活是河流；河在河床上流，是非常自由，無拘無束的，可是河不可以越出河床流到河岸上去。

我們要揚棄扼殺人性，不合情理的道德，建立正確的道德觀，這便是倫理學的任務。

本書的文章，都曾在香港《信報》副刊內《繁星哲語》這專欄中發表過。這專欄有 5 位作者，輪流執筆討論思想文化的問題。筆者在該專欄中，一直以來都是用深入淺出及有趣味性的方式，向讀者介紹道德哲學及應用倫理學的一些問題，思想深度及可讀性並重。倫理學是筆者的專業，在美國唸了兩個博士(哲學及宗教)，都是以倫理學爲研究核心。兩年半前回港任教，發覺中文及以香港社會爲寫作背景的倫理學教材極少，所以便在《信報》開始了這個寫作計劃。現在把這些文章結集出版，絕大部分都經過修改刪補，甚至動過"大手術"；在每一個題目之後的討論問題，則是特爲本書而設計的。

筆者在香港浸會學院教學，一直是以倫理學及相關的科目爲主。本書的內容，大部分都先在課堂上講解過；在《信報》發表後，不少文章又曾在課程中用作閱讀資料，學生的反應還不錯，給筆者不少鼓勵。教學與寫作相長，使人感到欣慰，所以把本書獻給所有上過筆者課的浸會學院學生。

1992年，是倫理學在香港發展的一個里程碑。首先，自9月起，中六及中七的學生可以修讀"倫理及宗教科"，以此科報考高級補充程度考試；在考試時，可以只答倫理學而不答宗教方面的題目。其次，浸會學院正式成立了一個應用倫理學研究中心，是全香港第一個完全以倫理問題爲研究範圍的學術研究中心（筆者也是這個中心的研究員）。本書的出版，希望能幫助年輕一代及社會人士更曉得如何作道德思考，對倫理學產生更大興趣。

最後，要感謝愛妻淑娟，是她的大力鼓勵，筆者才決定加入《繁星哲語》的作者團；也要謝謝《信報》容許舊文新用，及謝謝香港三聯書店編輯部鄭德華博士的鼎力支持，和李淑娥小姐的寶貴意見與編輯工作。

羅秉祥　1992年仲夏
香港獅子山麓

目　錄

上篇

道德哲學

1

如何作道德判斷

1.1　道德判斷方法之一──蒐集有關事實

　　道德是與人的品行、操守及人格有關的價值。道德生活的核心，便是在日常生活中做價值判斷，於行事為人中分辨出是非、對錯、善惡、好壞；選擇前者，遠離後者，塑造出一個美善的人格。

　　道德教育的目的，不是要機械式地灌輸一些我們所接受的道德判斷給下一代，而是要幫助下一代培養出一個成熟的道德識別力（discernment），讓他們有能力獨立思考，黑白分明，作出正確的道德判斷。

　　成熟的道德識別力，包括至少以下三個重要的能力：1.能注意到與這個道德抉擇有關的所有事實；2.能分辨出有哪些道德價值是這個抉擇必須考慮到的；3.能夠按照一個正確的世界觀來抉擇。

要作出一個正確的道德判斷，首先，必須準確及全面地了解到**有關事情的眞相**，盡上最大的努力，去估計不同的抉擇會帶來什麼不同的**後果**。

人與人之間很多道德上的分歧，有時並非因爲彼此有不同的道德價値觀，而是因爲彼此對**已發生**的事實或**會發生**的可能後果，有不同的理解。舉例來說：贊成香港民主步伐應該加快的人會說："我們應該致力保持香港的穩定與**繁榮**，而促進香港在未來的穩定繁榮的條件之一，是要**使香港政府更民主化**，所以我們應該致力增快香港的民主步伐。"不同意上述結論的人（也就是反對香港民主步伐要加快的人），不一定是不同意上述論證的第一個前提。他們可能會同意這個**價値性的前提**（贊成我們應該致力保持香港的民主繁榮），而只是對上述的**事實性前提**（第二個前提）不敢苟同，而認爲加快香港的民主步伐，只會帶來破壞香港穩定和繁榮的後果。

同樣地，要判斷死刑在道德上的是或非，必須考慮到以下這些事實性（已發生或將會發生）的因素：1.以香港的情形（司法制度、警方破案率、中港兩地偸渡出入境之容易度、罪犯犯罪心理等）來說，恢復執行死刑能對嚴重罪案帶來多大的阻嚇作用？2.香港的監獄制度實際上起了多少改造囚犯，使他們洗心革面重新做人的作用？3.1997年7月後死刑被濫用來消滅政治犯的機會有多高？4.香港法庭以往的裁判錯誤率有多高？殺錯良民的機會有多大？有別於其他刑罰，死刑是無可挽回的。(以上對死刑的簡單討論，只是止於說明道德判斷方法該注意的因素；在本書下篇第十五、十六章中，筆者對死刑問題會有更詳盡的討論。)

要作一個正確的道德判斷，必要條件之一是對有關事實有準確的理解。"真"是"善"的必要條件。

1.2 道德判斷方法之一(續)——
分辨相干與不相干事實

要作出正確的道德判斷，必要條件之一，除了要搜集所有事實之外，還必須分辨出道德上相干與不相干的事實。

先看看這個例子，陳大姐與劉二姐都去參加香港小姐競選，陳大姐獲得冠軍，劉二姐却屈居亞軍。事後劉二姐向大會投訴評判不公，因為陳大姐會考英文科不及格，而劉二姐却在同一考試中考得良級。這種投訴大概不會受理的，因為在裁判心目中，選美並非選才女，會考英文科的優劣不是一個相干的考慮因素。

假設這兩位小姐不是去參加選美，而是去應徵某大公司的行政秘書一職，而且也是陳大姐得到取錄，而劉二姐名落孫山。於是劉二姐便向公司投訴取錄不公，因為她的會考英文成績比陳大姐的成績好很多（假設她們的會考成績是正確地反映出她們當時的英文程度）。這次投訴便有力得多了，因為英文能力的高低，是能否勝任行政秘書的一個相干因素。

同樣一個事實（陳大姐會考英文科不及格，劉二姐則在同一考試中得到良級成績），在某些場合中是一個相干的考慮因素，在另一些場合中却變成不相干的考慮因素。由此可見，要作一個正確的道德判斷，光是搜集所有事實還不足夠，還需要從這些事實中分辨出什麼是道德上相干的，要充分考慮；什麼是道德上不相干的，可以不理。

死刑的存廢問題與刑罰學說有關；而不同的刑罰學說，對於什麼事實是道德上相干及不相干，便有不同的看法。

根據阻嚇說，刑罰與否及刑罰多重，關鍵是能否對其他想效尤犯罪的起阻嚇作用。所以，假若恢復執行死刑能減少重罪案的發生，這便是唯一的刑罰道德上相干的事；這事實發生的或然率愈高，便愈使我們傾向接受恢復死刑。就算有些死囚願意洗心革面，重新做人，或有些死囚其實是無辜的代罪羔羊，這些事實都是不相干的。

根據改造說，刑罰的目的是要使罪犯改過自新，離惡遷善。所以，假如我們的監獄懲教制度能使犯人改邪歸正，離惡遷善，成為社會中有貢獻的人，這才是刑罰道德唯一相干的事實；這事實使我們傾向反對死刑。不管死刑能起多大的阻嚇作用，都是不相干的。

　　根據報應說，一個人之有否犯罪及犯多重的罪，才是刑罰道德上相干的事實。把一個無辜或犯極小罪的人處死，縱能減低罪案的浪潮，也是不相干的；唯一相干的是那個死因是否無辜，罰與罪是否相等。假如事實上那犯人是犯了該死或"抵死"的罪，便該執行死刑（如何決定那些罪是該死的，則是另一問題）；否則，便不應執行死刑。

　　上述哪些事實才是在刑罰道德上相干的？這問題的答案與死刑的是非對錯有非常密切的關係。

1.3　道德判斷方法之二——
訴諸適切的道德規範

　　道德生活的核心是作道德判斷，而作道德判斷的核心是把握到正確的道德價值。於掌握了所有道德上相干的事實後，我們需要尋找正確的道德價值，來為我們提供判斷的方向。

　　道德價值通常以道德規範(對正確的行為加以規定，對錯誤的行為加以限制防範)的形式出現。道德規範有兩種：一般性的大原則(綱領)，及特定性的具體法則(條目)。

　　在西方倫理學中，常被討論及的一般性道德原則有：仁愛原則(不傷害他人，助別人脫離危難，造福別人)，　7

公平原則（大公無私，一視同仁，若要別人怎樣待你們，也要怎樣待人），尊重對方意願原則（不"強迫中獎"，不作未經授權的大家長）等。至於在儒家倫理學中，常被提及的一般性道德原則有：仁、義、禮、智、信（五常），智、仁、勇（三達德），禮、義、廉、恥（四維），己所不欲、勿施於人（恕道）等。

以死刑的存廢為例，我們需要考慮仁愛原則。一方面，把罪犯判死刑，而不給他悔過自身的機會，是否對罪犯不夠仁愛？另一方面，不把罪犯判死刑，是否縱容罪行，間接鼓勵其他人爭相效尤，罪案劇增，對廣大市民不夠仁愛？其次，也要考慮公平原則。血債不用血償，殺人不用償命，有沒有對死者或死者的家屬不公平？

以上這些道德原則（或綱領）都是較一般性，應用範圍廣，夠靈活，這是其優點。但對於一般人來說，所接受的倫理學訓練不多，要直接訴諸原則綱領，有時或會覺得失諸空洞，未能對一個特定的道德問題作出直接具體的指引。同樣一個仁愛原則，可以用來支持死刑（對廣大市民的仁愛），也可以用來反對死刑（對犯人的仁愛）！究竟如何是好？

因此，在作一個道德判斷前，也可以參考一些特定具體的道德法則（或條目），如不殺人、不傷害人、行善、誠實、守諾言、賠償他人損失、報恩、不姦淫、不偷盜、論功過行賞罰等；或用權利的語言來表達，如生命權、人身安全權、自由權及私有財產權等。在儒家思想中，這些道德法則表現為忠、孝、貞及其他人倫之間該遵循的理（倫理）。基督教所講的十誡及原始佛教所講的五戒，也屬這類條目式規範。

就死刑的存廢問題來說，這些道德條目或法則無疑提供了較具體的方向；可惜，不同法則會提供不同的方向（不殺人及行善兩法則傾向廢除死刑，而賠償他人損失及論功過行賞罰則傾向執行死刑）。道德思考的任務之一，便是權衡輕重，看哪些法則比另些法則更重要。當道德法則發生衝突，使我們左右兩難的時候，我們要懂得分辨哪個道德法則更具優先次序，可壓倒其他道德法則。倫理學的引人入勝之處，其中之一便是要解決上述義務衝突的問題。

1.4 道德判斷方法之三——掌握正確的世界觀

一個人的道德判斷，往往會受到他的世界觀所影響。

舉例來說，原始佛教五戒中的第一戒是不殺生；不單動物的生命不可摧殘，連植物的生命也不可毀傷。嚴格來說，佛教徒是不能吃肉的，因為要吃雞肉，便得先殺雞；要吃牛扒，便得先殺牛（吃菜則不一樣，菜割下來後菜莖可以再長，沒有剝奪了菜的生命）。何以佛教徒認為不可殺生呢？這便牽涉到佛教世界觀中業及輪迴

9

這兩個教義。由於人在解脫進入涅槃之前，都不斷在這世間打滾，生死相繼，不斷投胎至下一生。至於下一生是變成人或畜牲或其他生物，則視乎人今生所積的好業及壞業多寡而定。因此，今生出現在我們周圍的動物或植物，可能是我們無數前世中的一世的親屬。口咬燒鷄髀，可能是咬着我數月前去世的祖父（輪迴爲鷄）的大腿！我們又何忍如此無情？

再舉一例。古代中國的男女關係是不平等的；男人享有很多特權，女人却要承擔很多義務，這是陰陽的世界觀所致。由於男屬陽，女屬陰，而陽尊陰卑，陽貴陰賤，陽主陰從，所以女性的地位不如男性。很多男人可以作的事（如提出離婚、嫖妓、考科舉），女性都不可以作，而很多女性要作的事（如服從夫命，夫死則自殺從夫，以示貞烈），男性又不必作。

還有很多類似的例子，不勝枚舉。總而言之，世界觀對人的道德抉擇有很大的影響力。非佛教徒認爲大魚大肉並沒有什麼道德問題，因爲他們相信人死如燈滅，或相信靈魂不滅但不會轉世投胎，這也是他們的世界觀。現代中國人認爲男女地位平等，女性不是男性的僕人或財產，女性的辦事能力也不弱於男性，因爲我們不再接受一個二元層級性的世界觀，而認爲宇宙不能用一個過分簡化的陰陽架構來理解。

再以死刑的討論爲例，有些人贊成死刑，是基於一句中國人的老話:"殺人償命,欠債還錢。"可是,這句話若要成立,是要假設一種如中國古代民間小說中的世界觀——把殺人犯處死後,能帶着他的魂魄下到陰間與閻羅王交易,把受害人的命贖回陽間。這樣,死刑才有償還的作用,正如還錢有償還的作用一樣,使無辜一方不用有損失。只不過,今天的中國人都認為這種世界觀是沒有根據的,不外是天方夜譚而已。因此,事實上,把殺人犯處死,從人命的角度來看,是得不償失(所得是零,所失是另一條生命),起不了償還的作用。所以,以現代人的世界觀來看,"欠債還錢"是合理的,"殺人償命"却是講不通的。換言之,"殺人償命,欠債還錢"這句話,是否能為死刑提供一個合理的論據,是視乎我們接受哪種世界觀而定。

因此,要作一個正確的道德抉擇,一定要有一個正確的世界觀來協助。"善"的問題並非完全獨立於"真"以外,倫理學的問題也非完全獨立於形而上學及宗教問題。道德理性並非在真空中運作,而要與世界觀理性(宗教及形上學理性)携手合作,互相調協。20世紀英美的道德哲學家過分強調"實然"(is)與"應然"(ought)之間的鴻溝,把事實與價值過分割裂,結果是帶來不食人間烟火的倫理思考。

經驗事實、道德價值及世界觀,是道德識別活動必須注意的 3 件事。

問題討論:

1. 《禮記・禮運篇》在描述大同社會時,有以下這段家喻戶曉的話:"故人不獨親其親,不獨子其子,使老有所終,壯有所用,幼有所長,矜寡孤獨廢疾者,皆有所養。"根據這個道德原則,社會上每一個患病者都應該得到充分的醫療照顧。可是,當公立醫院資源有限,不能全面照顧所有病人,而很多病人又無經濟能力入住私家醫院時,該怎麼辦?譬如說,近年來香港有不少腎病病人需要洗腎,但公立醫院的洗腎設施有限,供不應求,於是東華醫院便訂下一個政策,年齡55歲以下的腎病病人可獲優先考慮。因為受到這個新政策的影響,一位58歲的女病人便被迫中止洗腎,並且因經濟匱乏而求醫無門,健康狀況一落千丈;這位病人的丈夫指控院方的決定,形同謀殺。無可否認的是,香港所有的公立醫院都要面對醫療資源有限這個事實,無可奈何地訂出一些準則,決定誰可得治療,誰要自生自滅。問題的關鍵是,在制訂這些準則時,年齡是否該列為準則之一?假如是的話,55歲是否一個合理的分界綫?換言之,在作分配醫療資源的決定時,年齡是否一個道德上相干的事實?假如是的話,55歲之前及之後是否有道德上相干的差別?(資料來源:《明報》,1991年9月23日,第一版。)

2. 世界上很多大宗教,如佛教、天主教、基督教等,都極力反對墮胎。有沒有想過，他們這種反對墮胎立場，和他們的宗教世界觀（如輪迴、靈魂、上帝或天主的性情等）有何關係？

3. 除了世界觀外，有什麼相干的事實及道德規範，會影響我們對墮胎的道德評價？

4. 假設你的祖父患有肺腫瘤，經醫生檢驗證實是惡性的，且已蔓延至相當大的面積，恐怕能治好的機會不大，只是你的祖父却一直蒙在鼓裏。如果他向你追問，你會如何回答？如果因為不想傷他的心而迫於說謊（即白謊，white lie，意指因好的意願而撒謊），哄他腫瘤是良性的，割掉便沒事，這牽涉什麼道德規範之間的衝突？

2

道德直觀主義 (良心說)

2.1 憑良心做人

　　在膾炙人口的和路廸士尼電影《木偶奇遇記》的開始時,有這樣一個片段——一個仙女對小木偶(Pinocchio)說:"有一天你也可以成為一個有生命的眞小孩子,而不只是一個小木偶;只不過,你一定要表現得乖。"

　　"那好極了!"小木偶說。"怎樣才算表現得乖呢?"

　　"對的事你都要做,而千萬不要做錯或壞的事。"

　　"'對'與'錯'?我怎樣才能分辨它們的差別?"小木偶非常迷惘地問。

　　"跟隨你的良知去做吧。"仙女溫柔地回答。"小蟋蟀謝利米(Jeremy)會成為你的良知;無論何往,它都會伴隨你左右,不斷提醒你事物的是非對錯,你千萬不要對它的忠告置諸不理!"

從此，小木偶便開始它的"守行爲試驗期"，每天到學校上課，而一連串的引誘和歷險便接踵而至。

要簡述這個家傳戶曉的故事，因爲我們要反省一下倫理學中的直觀主義或良知說。

在第一章中，我們知道若要作一個正確的道德判斷，必須掌握其方法——對經驗事實、道德價值及世界觀，都要同樣注意。可是有些人會說："道德判斷那裏有那麼複雜，只要事事跟隨良心便行了！"

中國人很喜歡用"良心"這個詞，如沒良心、對不住良心、掩着良心做人、埋沒良心、問問良心、受良心責備等；這大概是受儒家思想的影響。

"良心"及"良知"兩個詞都是孟子所提出。"人之所不學而能者，其良能也；所不慮而知者，其良知也。孩提之童，無不知愛其親者；及其長也，無不知敬其兄也"（《孟子·盡心上》）。換言之，孟子認爲人類的道德知識(愛其親，即仁；敬其兄，即義)，都是由良知直接內省而得到，不需絞盡腦汁推理、分析或研究一番；道德價值都是個人所自覺而來，是心靈直接洞察(直覺)的結果。道德的是非、對錯、善惡及好壞都是先天內藏於人良心之中，而非由後天學習獲得。

王陽明把孟子這個理論推展到高峯。他說："良知是爾自家底準則，爾意念着處，他是便知是，非便知非，更瞞他一些不得……真是個試金石、指南針"(《傳習錄》 *15*

下)。他又說:"知是心之本體, 心自然會知; 見父, 自然知孝; 見兄, 自然知悌; 見孺子入井, 自然知惻隱, 此便是良知, 不假外求"(《傳習錄》上)。王陽明甚至打一個比喻:"其良知之體, 皦如明鏡"(《傳習錄》中)。父親出現在我面前, 良知之鏡便照出孝之理; 見兄, 自然便照出悌之理。換言之, 良知是一個天賦及不會發生錯誤的道德認知能力, 在任何場合中, 都會給予我們正確可靠的道德指引。

可是, 良知究竟有無如此大效力? 我們必須作進一步的哲學反省。

2.2 天理與人慾之爭

中國人喜歡說憑良心做人, 這大概是受儒家(特別是孟子和王陽明)的影響。根據這一派的儒家學說, 人天生有良知。能直接準確地分辨是非對錯。所以, 道德生活只須遵從良知之聲, 自然便會離惡向善, 日趨完美。

可是在現實生活中, 很多人都不聽從良知之聲, 正如在《木偶奇遇記》這故事中, 小木偶常不理會蟋蟀謝利米的忠告, 貪玩曠課。王陽明認爲這是天理人慾的問題。良知本身能洞察天理(道德規範), 人之所以行爲不道德, 是因爲隨從人慾之故 (如貪財、好色、弄權、自大、疏懶等) 。良知有如一面明鏡, 可是因爲人慾橫流, 明鏡便變成昏鏡，照不出當下該做的義務。（用現代語言說，良心便變得遲鈍，甚至埋沒，失去知覺。）

換言之，王陽明認爲只要我們能不斷存天理，去人慾，把昏鏡磨亮，回復明鏡，便能解決一切道德問題。用現代語言說，這見解認爲，只要我們凡事誠實問問良心，不被私慾所蒙蔽，道德生活自然便能暢通無阻，輕易地做一個正人君子。

可是，道德生活是否如此簡單，只是一個天理與人慾衝突的問題？

看來大概不是。除了天理與人慾會衝突之外，天理與天理之間也會有衝突。人類有不少道德迷惘、歧見和爭論，並不是人慾遮蓋天理，私慾弄昏良知之鏡的問題，而是義務衝突，天理互相抵觸的問題。

忠與孝的衝突，便是中國文化中最明顯的例子。宋明儒都一致公認孝和忠都是天理，可是當忠孝不能兩全時，良知之鏡又照出什麼來呢？

在中國歷史中，有 3 種處理忠孝矛盾的方法。1. 從孝。如孔子認爲父親偷人羊後，要“父爲子隱，子爲父隱”；爲了向父盡孝，不可向朝廷透露父之惡（《論語·子路》）。2. 從忠。於五代十國的後唐時，李嗣源謀反要推翻唐莊宗，其子李從璟不助其父，反捍衞其君（捨孝從忠，在明淸的專制政治中更爲常見）。3. 從死。《呂氏春秋》記載幾個故事，都是某人父親犯法，爲人子者又不忍執法誅殺其父（或不忍見父受誅而不救），進退維谷。要忠君便得殺父（但又會不孝），要全孝救父便只能不執王法(但又會不忠)。既不能兩全其美，便自動請纓代父受死，或自刎以全忠孝。

忠與孝的衝突，是天理與天理，而非天理與人慾的衝突。良知既要我們從忠，也要我們從孝，當很不幸地忠孝不能兩全時，上述 3 種處理方式，哪種才是良知的聲音？

2.3 天理與天理之爭

光憑一個良知或良心，是否可以解決一切道德問題？

王陽明的良知說似乎認為可以，因為他把所有道德問題都化約為天理與人慾衝突的問題。只要能存天理，去人慾，良知之鏡便會復其明亮，照見一切道德是非對錯，平息一切道德爭論。

這種理論(正如西方道德哲學中之直觀主義，intuitionism) 的致命傷，是無能處理道德兩難或義務衝突問題。當兩個義務（如忠及孝）有衝突，不能兩者都履行時，是天理與天理衝突。在這個時候，良知之聲有數把，各有不同的指示，而非獨一無二只有一把聲音；良知之鏡也有數面，各照出不同的道德行動。

　孟子及王陽明認為，因為人有良知，所以乍見孺子將入於井，無暇作任何思索，便自然會起怵惕惻隱之心，要救這小孩脫險。此說不錯，但讓我們想像一下一個"現代孺子入於井"的情節：

話說你經過一個石油井旁，聽到井中傳出 3 個微弱求救的聲音，你俯身向井中一看，駭然發現 3 個人意外掉進石油井中，不斷掙扎，奄奄一息！你再看清楚，這 3 個人分別是今年諾貝爾物理學獎得主、諾貝爾和平獎得主及你的一位在事業上沒什麼出息的要好舊同學。你滿腔惻隱之情，要搶救他們脫險，但油井旁什麼人都沒有，而他們又都奄奄一息，不能支持太久。憑你一個人的力量，大概於救出第一個遇溺者後，其餘兩個都會淹死了。你的良心告訴你 3 個人都要救，但你只有能力救到一個，你的良知會馬上告訴你該救哪一個嗎？

回到現實世界，在香港及世界各地，很多腎病病人都等待換腎，可是可提供移植的腎又遠遠求過於供。現在醫院中剛得到一個腎，幾個病人都央求要移植給他，否則他們的生命在數天內便支持不住了。不作任何思慮、分析及調查，你的良知會馬上告訴你該把腎移植給誰嗎？

在《中國的家與國》一書中，作者岳慶平也指出另一義務衝突的事例。有一次曹丕問其賓客："君父各有篤疾，有藥一丸，可救一人，當救君耶？父耶？"結果，"眾人紛紜，或父或君。"人的良知怎麼會言人人殊？

道德兩難或義務衝突是道德生活中常發生的事（所 *19*

謂"白謊"的爭論，便是一個明顯的例子）。是的，做人
要對得住良心；但在道德兩難、義務衝突、天理相抵觸
時，要聽從哪把良知的聲音？良知說的漏洞，於此便清
楚可見。

2.4 打蟑螂，沒良心?

假如你在廚房看到一隻蟑螂走動，或在睡房看到一
隻蚊子飛過，你會用迅雷不及掩耳的方式把這些昆蟲打
死嗎？

你的良知會怎麼說？

這個問題大概沒有確定的答案。假如你是佛教徒，
你的良知會說："絕不能打！"假如你是儒家信徒，你的
良知大概會贊成速打速決。

怎麼會這樣子？良知不是人皆有之，人皆同之的嗎？
良心不是"人皆有是心，心皆有是理"(陸象山語)的嗎？
怎麼會有矛盾的良知聲音？

原來道德判斷是受世界觀所影響。假如你接受佛教
的世界觀，相信輪迴和業，便會主張不殺生(不殺一切有
生命的眾生)。可是假如你不接受這一套思想，便不會對
害蟲有慈悲之心，而會主張對害蟲展開"聖戰"。換言之，
光憑良知，是不足以洞悉道德的是非對錯。王陽明認為
良知可以直觀"天理"；唔，視乎哪一個"天"吧！王陽

明的良知可以直觀儒家的天（世界觀）的天理，但佛教徒對天（世界觀）另有理解，所以所直觀的天理可以是與王陽明的天理互為矛盾。良知之鏡，並非萬能；沒有世界觀之鏡，良知之鏡有時也照不出什麼影像來。

除了世界觀的知識外，良知還需要與經驗事實的知識攜手合作，才能作出正確的道德判斷。

關於這第二點，王陽明應該沒有異議。為了回答其弟子徐愛的一個尖銳問題，他說：“此心若無人欲，純是天理，是個誠於孝親的心，冬時自然思量父母的寒，便自要去求個溫的道理，夏時自然思量父母的熱，便自要去求個清的道理”（《傳習錄》上）。在夏熱冬寒之時，要知何為孝，便得有點經驗事實的知識，知道什麼布料更保暖，知道有什麼設施可令屋中更清涼。換言之，除了良知告訴我們要事父母以孝之外，我們還得用“頭腦”（王陽明語），求得相關的經驗事實知識，才曉得具體孝之理。良知是知“冬溫夏清”之理的必要條件，却非充分條件。（只有良知，而沒有“父母受寒流或熱浪所襲”的經驗知識，是直覺體會不出事父母要“冬溫夏清”之理。）

良知在道德生活中扮演一個很重要角色，因為它是認知道德價值或規範的能力，可是它的功用也很有限制。沒有一個正確的世界觀，沒有相關的經驗事實知識，良知對於一些道德問題（如試管嬰兒）也是會無言以對，或無所適從。光講“善”是不夠的，也要連着“真”一起講。 *21*

（陸王的"心即理，心外無理，不假外求"是動聽的口號，但却不符合真相；朱熹所說的格物窮理，還是有必要的。）

總而言之，要作一個正確的道德判斷，並不止是"跟隨你的良心"那麼簡單；道德價值、經驗事實及世界觀都同樣需要注視。道德判斷是一門藝術，像彈一首鋼琴樂曲一樣，眼、手及脚都要兼用；初學時是會覺得相當複雜，但只要多練習，便會熟能生巧。

問題討論:

1. 良心的聲音完全是天生的?還是也會受後天環境所影響?假如良知之聲完全是天生且不會發生錯誤,爲何中國古代的儒者會把"男女授受不親",寡婦不能再嫁("餓死事小,失節事大")視爲天經地義的道德眞理,而現代人却認爲這些是過時的風俗?換言之,當一個人長大的時候,經歷社會化(socialisation)的歷程,會否把他周遭的價值觀也內在化成爲他自己的價值觀,以致有時他的所謂良知之聲,不外只是受時空限制的社會風俗之聲而已?

2. 孟子及王陽明對"良知"的定義都是"不慮而知"。在你自己個人的經驗中,在判斷一件事的是非或對錯時,有多少時候是不用思慮便能下判斷?又有多少時候是排除私心後仍陷於迷惘中,要深思熟慮才知道答案?

3

道德懷疑主義之一——
相對主義

3.1 道德是相對或絕對？

在第二章中，我們探討過道德直觀主義的缺陷；不過，這個學說還是有一點可取的，因為它正確地肯定了人有認識道德價值的天賦能力，而這些道德價值或規範又是放之四海而皆準的。

現代不少哲學家及社會中人却唱反調，對道德知識抱懷疑態度，反對有絕對或客觀的道德標準。在本章中，我們先討論第一種道德懷疑主義——描述性或文化性相對主義。

這種相對主義的思潮在藝術及道德方面是最爲明顯。不少人認爲藝術價值是相對的，美醜沒有絕對標準，所謂好看與難看，悅耳與吵耳，都完全是受文化環境所支配決定。同樣地，在道德價值中，相對主義者也否認世界上有任何一成不變的道德標準，有放之四海而皆準的道德規範，有絕對的道德價值。相反的，他們認爲一切道德上的是非、善惡、對錯、好壞，都是因人、因時、或因地而異的。他們會說："君不見在不同文化的社會中，有不同的道德標準嗎？就以中國來說吧，漢族基本上是主張一夫一妻制的（雖然有些人也會納妾），但有些少數民族是主張一夫多妻、一妻多夫或甚至多夫多妻制的。把範圍再縮窄，就以漢族本身來說，古代的漢人認爲女子的三從四德是對的，現代的漢人却認爲這種規範是錯的；古人認爲婦人爲亡夫殉身，作烈女或貞女是婦德的最高表現，今人則認爲這種行爲是愚不可及。可見人類是沒有放諸四海而皆準的道德規範，道德完全是相對的。"

這種相對主義的思想，德國哲學家康德（I. Kant）肯定會反對。在其《實踐理性批判》結論部分他開宗明義的說："有兩件事物，我們愈不斷及專注向它們作反省，便愈益感到懍然敬畏。這兩件事物便是在我上面充滿繁星的天空，和在我裏面的道德律。"康德之所以會在內省的時候對道德律有無限莊嚴及敬畏感，原因之一是因爲他感到道德是絕對的，道德定律是以"無上命令"的方式向人類宣告何謂是，何謂非，何謂善，何謂惡。這種命令是無條件的，不因人、時、地而異。

究竟道德是相對或是絕對的？這是一個急待解決的

倫理學問題。

3.2 休謨也不懷疑

　　道德相對主義在人類學學者中相當普遍（如薩姆納
W.G.Sumner，本尼迪 R.Benedict 都曾經爲文主張這種
觀點）。現代很多人爲了要掙脫各種枷鎖，爭取一種喜
歡作什麼便作什麼的自由，對道德價值也採取一種懷疑
態度，認爲道德完全是相對的。

　　可是，這些道德相對主義者大概作夢也想不到，西
方哲學史中的懷疑論大宗師大衞·休謨（D.Hume)竟然
是反對道德相對主義的。在他的《對話錄》一文中，休謨
首先指出古代雅典人的理想人格在近代是會受到唾棄，
近代法國人的理想人格也會受到其他民族鄙視，那是否
表示人類的道德標準只是相對的,而不可能是絕對的呢？

　　休謨的答案是"決不！",他指出表面上有道德分歧，
並不表示在現象背後找不到一個統一的最高道德原則。
他用一個比喻來解釋。萊茵河與隆河皆發源於瑞士同一
個高山，但前者却向北流入德國，再流進北海；後者却
向南流入法國，再流進地中海。同一個山脈，同一個水
源，同一個地心吸力，却發展出兩條向相反方向流動的
河流，皆因爲山嶺上凹凸不平，傾斜度不一之故。

　　同理，休謨指出，人類是擁有放之四海而皆準的共

同道德價值，但這些**共同價值**在不同的環境中，便有**不同的具體表現方式**，因此表面上的道德矛盾，都可能在背後找到統一的基礎。

我們可以找到很多例子來支持休謨這個理論。在南太平洋羣島中有一個部落，他們在父母到了60歲的時候便把父母殺死。同樣一件事若是發生在香港，我們一定會認爲是非常不孝，但對於這個部落的人來說，他們這種殺父母的行爲卻是孝的表現。因爲他們相信人在今生死後是會到另一個世界去，並且是帶着今生的皮肉之軀而去。所以，要孝敬父母便需要在父母身體尚且健壯的時候就送他們去來生，免致他們駝着背，彎着腰，視聽力衰退，剩下幾根門牙進入另一個世界。在他們的部落中，一般來說，一個人到了60歲還算相當健壯，60歲以後身體便開始衰殘。所以若要保證父母在死後到另一個世界中有一個健壯的身軀，便不能讓他們壽終正寢，而需要在60歲便把父母殺死。

這個例子顯示出在表面上互相矛盾的道德現象背後，隱藏着共同的道德價值——孝。

3.3 道德歧異源於世界觀

反對道德相對主義的哲學家都指出，道德相對主義是把道德的分歧性誇大了。正如休謨所指出，表面上，不同的文化社會是有不同的道德價值，但若深入分析一下，卻發覺在矛盾背後隱藏着統一，殊途而同歸。所謂"理一分殊"（中國哲學家朱熹語），表面上歧異的道德價值卻可以是源於同一的道德原則；歧異之所以會出現，是因為一些**歧異的非道德性因素**。

世界觀便是這些非道德性因素的一種。在3.2節中筆者討論到南太平洋羣島一個部落的人，當父母到60歲的時候便會把他們殺死，以便他們能帶着一個尚相當健壯的身體到來生另一個世界去。他們贊成這樣做是出於孝；中國人反對這樣做也是出於孝，彼此的最高道德原則是一樣的，所不一樣的是彼此的世界觀。中國人沒有他們那種死後帶着今世身軀到來世的世界觀，所以便不贊成60歲殺父母的做法。換言之，歸根究底，贊成60歲殺父母及反對60歲殺父母並不是道德上的衝突，而是**世界觀的衝突**。

耶和華見證人會（俗稱守望台）的信徒假如因病入院，需要輸血，他們是會堅決拒絕；甚至當他們的小孩需要輸血才能活下去的時候，他們也不會讓自己的孩子接受輸血。表面看來，這好像是很殘忍，好像又是指出道德價值的相對性。其實不然。我們反對他們這樣做，不是因為我們有不同的道德標準，而是因為我們有不同的世界觀。守望台的信徒認為聖經（舊約）既禁止飲血，所以也不應接受輸血；輸血雖沒有經過口腔，還是把血送進我們體內，其最終後果與飲血相同。飲血會使人下地獄，因此接受輸血也會死後下地獄。所以這些父母寧願自己的小孩早點結束今生的生命，將來上天堂，也不願拖長他們今生的生命，而却使他們將來永遠在地獄受苦。他們愛子女的心與我們一樣，所不一樣的是我們彼此的世界觀而已。

用倫理學的術語來說，世界上很多道德見解上的衝突，其實只是在具體和特定的道德法則（rule)上的衝突，而不是這些法則背後的普遍和最高道德原則（principle)上的衝突。**道德法則**可以是因人、因時，或因地而異，是**相對**的；**道德原則**却是放之四海而皆準，是**絕對**的。

正如休謨所說，瑞士某高山上有同一個水源，却發展爲流向相反方向的萊茵河和隆河，不是水有不同，而是山嶺上凹凸度及傾斜度不同所致。同理，在不同文化社會有不同道德標準，不是因爲道德價值是相對的，而是因爲一些非道德性因素（如世界觀）所引起。

3.4 道德歧異源於事實判斷

道德判斷往往是道德推理的結果，而道德推理往往是以三段論的形式進行，有兩個前提（一個是事實性，另一個是價值性）及一個結論。如"回教徒應該支持攻擊美國軍隊"是一個道德判斷，這個判斷可以是下述兩個前提所產生的結論——"回教徒應該支持聖戰"（價值性前提），"攻擊美國軍隊是一場聖戰"（事實性前提）。假如我是一個回教徒，但我不贊成"回教徒應該支持攻擊美國軍隊"這個道德判斷，並不一定表示我的道德價值與支持該判斷的回教徒的道德價值不同。支持聖戰是所有回教徒共有的道德價值；聖戰的重要性僅次於五功（念清真言、禮拜、齋戒、天課、朝覲）。我之所以反對上述的道德判斷，不是因為我反對上述的價值性前提，而是因我反對上述的事實性前提。換言之，我認為攻擊美軍並不符合聖戰的條件。

社會中不少道德爭論都是因為不同的事實判斷所引起，而不一定是由不同的道德價值所導致。以1991年年初的波斯灣戰爭為例，當由美國帶領的多國聯合部隊發起"沙漠風暴"時，社會上熱烈贊成及強烈反對這個行動的聲音都有，這是否表示道德是相對，沒有絕對答案的呢？

非也。侯賽因於1990年8月侵佔科威特，強把富裕的科威特變成伊拉克的第17個省，是引起世人公憤的一件惡事。要伊拉克軍撤兵，光復科威特，是世人的共識，問題只是要用什麼手段——和平的，還是動用武力？

反對這場戰爭的人認為，聯合國安理會定下1991年1月15日為撤軍限期的決定是錯誤的，而應該把限期推後一年，集中力量對伊拉克進行經濟制裁及出入口封鎖。

問題是我們是否有足夠的理由相信，進行經濟制裁及出入口封鎖是一個解決問題的辦法，可以迫使伊拉克撤出科威特？換言之，我們要判斷究竟這個制裁和封鎖行動，是否能得到多國（包括伊朗和約旦）合作，封不透氣，使伊拉克的經濟慢慢窒息？就算是可以如此，逐漸摧毀伊拉克的經濟是否就一定可以迫使伊拉克撤軍？他們是否可能全國上下勒緊褲頭過苦日子而不退兵？再者，出入口封鎖雖然會使伊軍武器的零件得不到補給，軍力減弱，但是否弱到無力保衛佔領區，聯軍可以不費吹灰之力，不流一滴人血而解放科威特？最後，我們還必須考慮，對伊拉克經濟制裁及出入口封鎖，首當其衝的受害者是否只會是伊國的平民，而不是伊軍？侯賽因憑他的極權統治已控制了全國資源，當糧食不足的時候，他是否會想盡辦法讓士兵豐衣足食，寧願餓死老百姓而不顧？

　　換言之，反對“沙漠風暴”的人是認為，對伊拉克進行長期經濟制裁及出入口封鎖還是可行的，最終會迫使伊軍就範，乖乖撤軍，而不用動用武力。贊成“沙漠風暴”的人則認為經過半年來的外交努力及制裁行動，侯賽因仍然立場強硬，只是倚賴經濟制裁及出入口封鎖，是起不了迫他撤軍的作用；所以動用武力，是迫不得已的最後手段。贊成及反對“沙漠風暴”，最終是源於兩個相反的事實（後果）判斷，而不是兩個不同的道德價值。（事實上，雙方的道德價值前提是一樣的："伊拉克軍應該撤出科威特"；所不同的，只是事實性的前提。）

總言之，提倡道德相對主義的人往往把人類道德的歧異性誇大了。在表面的差異（不同的道德判斷）背後，可能隱藏着共同的道德原則；道德見解的歧異性，往往是由一些非道德性的因素（如世界觀、對事實的掌握）所引起的。

問題討論：

1. 我們一般人都接受"不可殺人"這個道德規範，宰牛殺雞則沒問題。佛教徒却主張"不殺生"，禁止奪取任何動物或植物的生命。這是否表示道德是相對的呢？

2. 自從佛教於漢末傳入中國後，有一段很長的時間受到儒家士大夫的批判及排斥，而儒者闢佛的其中一個論點，是佛教徒違反孝道。佛教徒出家，沒有在家奉養父母，這是一不孝；他們獨身不嫁娶，所以便無後，這是二不孝；他們剃髮，毀傷了受諸父母的身體髮膚，這是三不孝。佛教徒對這個指控提出了多重辯護。其中一個辯護是，他們認為人生最重要的價值是脫離苦海進入涅槃；因此，對父母的最高孝行，便是引領他們邁上步向涅槃的道路。可是，要達到這個目標，子女首先要專心歸依佛門，才有能力渡父母至涅槃彼岸。他們認為，儒家所提倡的孝行只是解決了父母今生及眼前的需要，佛教所提倡的孝行却能解決父母來生及終極的需要。(見《弘明集》中的〈牟子理惑論〉，及《佛說孝子經》等。) 因此，出家為僧為尼這個行動，在儒家看是不孝的行為，在佛教看來却是至孝的表現！這又是否表示道德是相對的呢？

4

道德懷疑主義之二——
另一種相對主義

4.1 規範性道德相對主義

第三章所討論的道德相對主義，用嚴格的哲學術語來說，是描述性(descriptive)道德相對主義。換言之，問題是作為一個歷史或文化事實，這世界究竟**有沒有**放之四海而皆準的道德價值？

在本章我們要討論一個稍微不同的問題，也就是規範性（prescriptive）道德相對主義的問題。描述性道德相對主義所關心的是屬"實然"的層面，規範性道德相對主義所關心的，則是屬"應然"的層面——這世界究竟**應不應該**在某些問題上採納同一個道德標準？在這個地球村中，是否有些道德金科玉律是大家都應當遵守的？

規範性道德相對主義的支持者認為，道德價值完全是一個社會文化的產品，是全然受該個社會文化所決定的; 因此道德是因時而異, 因地而異, 只適用於一個有限的文化範圍。換言之, 在這個地球村中, 我們不應該要求所有國家都要遵守一些共同的道德標準。這世界既然沒有任何放之四海而皆準的道德標準, 當我們在作跨文化或跨社會的道德評論時, 其實是把自己文化的道德價值, 強加於其他社會文化的人身上。這是要不得的道德帝國主義!

被提出來支持這個理論的論據有不少, 其中較常見的是如下: 有些人認為同性戀是對的, 也有些人認為同性戀是錯的, 眾說紛紜; 所以同性戀既非絕對對, 也非絕對錯, 只是人各有志, 其道德是非黑白只是相對的。此外, 有些人認為婚前及婚外的性行為都是錯的, 也有些人認為兩者都是對的, 主張性解放, 言人人殊; 所以婚前及婚外的性關係既非絕對對, 也非絕對錯, 其道德是非黑白只是相對的, 是受文化決定的⋯⋯。既然在很多的道德問題上都是眾說紛紜, 言人人殊, 所以道德問題是沒有絕對對或絕對錯的答案。我們不應該把自己的道德信念強加別人身上, 進行道德侵略。

這種論證有個嚴重謬誤, 就是從人的意見及信念去推論出事情的真相。言人人殊, 眾說紛紜, 並不就表示沒有絕對真理。以前的人也曾在地球是扁平或球狀這個問題, 太陽中心說或地球中心說這個問題, 及其他問題, 言人人殊, 眾說紛紜, 可是並不就見得這些問題都沒有絕對眞理，所有答案都是相對性的意見而已！何解？因爲有些人的看法（地球扁平，地球中心）是錯的！同理，在道德問題上衆說紛紜，言人人殊，並不一定就表示道德價值都是相對，沒有絕對眞理，因爲有些人的道德判斷可能是錯的！

4.2 道德相對主義的後果

規範性道德相對主義認爲道德價值都是相對的，沒有放之四海而皆準的道德金科玉律，沒有絕對的道德眞理。因此，我們不應把自己的道德標準强加於別人身上，干涉別人的道德內政。道德寬容萬歲！打倒道德自大狂！

在4.1節我們已評論過這種觀點的立論方式，指出其嚴重謬誤。於本文我要指出，假如我們接受這種相對主義的話，會帶來一些極其嚴重的後果，是我們所難以接受的。

假如道德是相對的，道德無政府狀態便會接踵而來，引起國內或國際社會的混亂。假設有一天九廣鐵路又再發生故障，沙田與大埔之間停止通車。當時正值放工時間，而接駁巴士又調動不足，於是沙田火車站外人山人海，等候到大埔的巴士的人龍有如彌敦道般長。好不容易有巴士開到，本來秩序井然的隊伍却突然消失，人羣從四方八面"包抄"湧向巴士大門。在一片尖叫和粗口聲後，巴士上便迅速坐滿及站滿了口角露出微笑的勝利者。一個本來排在第十五位但竟然上不到車的"師奶"，便慷慨激昂地指着車中的人痛罵："豈有此理，死衰佬！男人老狗打女人尖，你作死吖！眞係折墮到冇人有！"一個坐在下層窗旁的"西裝友"便慢條斯理地回答："折墮？難道妳不知道道德是相對的嗎？根據妳的道德標準，妳認爲我打尖好折墮；可是根據我的道德標準，我一點都不覺得打尖是折墮，執輸行頭慘過敗家吖嘛，只有儍仔才會蠢到去排隊！妳不可以用妳相對的道德標準加於我身上，干預我的道德內政！"於是乎，這位"師奶"要就是容讓這位道德相對主義者橫行霸道，忍氣吞聲，逆來順受；要不然，旣然無法與他理論，以理服他，而又無警察在場，便只能用武力來解決問題，伸手到窗內摑他幾巴掌，摑到他肯下車爲止！

假如我們接受道德相對主義，人與人之間出現道德爭執時，便不能用同一個道德標準來解決問題(因爲沒有放之四海而皆準的道德標準)；你有你的道德標準，我有我的道德標準，在僵持不下時，大抵便會採取"力量決定是非"的方式來解決問題。在國內社會中，以拳頭來解決道德歧見；在國際社會中，以炮火來解決道德爭執。於是人類不單在道德上陷入無政府狀態，在羣體生活中也進入混亂的弱肉強食世界。因此，道德相對主義所帶來的後果，是與人類羣體而居，要和平共處的要求背道而馳的。 *37*

再者，假如道德是相對的，便會帶來道德孤立主義，不單別人不可以對我作道德批評，反之亦然，我也不可對他作道德批評。可惜，這種道德孤立主義是很難實踐的。很多國家都抗議別國"干預本國內政"，如環境污染、人權紀錄、種族糾紛、路有凍死骨、少數民族獨立分離運動等。可是，這些受批評的國家，又往往忍不住於適當時候，瞄準對方的弱點，對別國的"內政"批評譏諷一番。

人類羣體而居，少不免會關心周圍的人，道德相對主義所帶來的道德孤立，卻要我們中止這種關心。

4.3　人皆有是心，心皆有是理

根據規範性道德相對主義，道德價值完全是受一個社羣所決定，只在該社羣之內有效，所以我們不應該用我們所接受的道德標準去批評社羣外的人。道德標準是因社羣而異，是相對的，沒有放之四海而皆準的絕對道德規範。

反對這種道德相對主義的人却認為，事實上在不同民族中，還是可以找到一些共同的道德價值。以一些一般性的道德大原則來說，如仁愛（不傷害他人，助人脫險，造福他人），公平（大公無私、一視同仁）等，都是一些道德深層結構，隱藏在不同民族的道德法則背後。我們雖不否認在這個地球村中道德法則有其分歧性，可是也得承認在矛盾背後可能藏着統一：理一而分殊，殊途而同歸（見4.2節）。

就算是在具體特定的道德法則的層面，也並非沒有放之四海而皆準的道德價值。就以東西方的大宗教而言，基督宗教中十誡的最後五誡說："不可殺人，不可姦淫，不可偷盜，不可作假見證陷害人，不可貪戀人的房屋……。"而原始佛教中的五戒也指明"不殺生，不偷盜，不邪淫，不醉酒，不妄語。"猶太教的十誡和基督宗教的一樣，而道教的五戒說則和佛教的極相似。

除了在這些大宗教外，有些人類學家也指出，很多不同的民族也有類似的道德法則，而且這不是一個偶然的巧合。任何一個民族，若要綿延下去，一定要禁止自己人互相殘殺（不可殺人）；一定要對人的性慾加以規限，保障家庭的穩定（不可姦淫）；一定要保障私人財產，免致貪慾橫行，社會動亂（不可偷盜）；一定要能互相信任，才能同舟共濟（不可欺騙）。因此，在這個地球村中可找到一些放之四海而皆準的道德法則，原因無他，是出於共同的社會性人性，以求社羣民族的生存及綿延。在這個地球村中，我們是有一些共同的基本道德語言，可以互相溝通，互相讚揚，及互相責備。

在中國，自孟子以降，儒家的世界觀是傾向反對道德相對主義的，因為他們認為人皆有共同的人性（惻隱之心、羞惡之心、辭讓之心、是非之心），所以便有放之四海而皆準的道德價值（仁、義、禮、智），正是"人皆有是心，心皆有是理"（陸象山語）。人既然是有共同不變的人性，也就應有共同不變的道德價值了。

只不過，儒家倫理學的問題是太強調道德規範的共同普遍性，而忽略了人類某些道德法則的特定差異性，走向相對主義的另一極端。在道德大一統的思想影響下，便做成了吃人的禮教。

問題討論：

1. 以下這些行爲，現代的香港人大抵會認爲是錯的。設想你活在另一個與香港很不一樣的社會文化中，你是否仍會堅持這些行爲是錯的？（假如是的話，道德相對主義便受到動搖。）還是你會認爲這新環境中，這些行爲可以變成是對的，並且這兩個相互矛盾的判斷，並非一個共同道德原則的不同應用？（假如是這樣的話，道德相對主義便顯得有理。）

    a.丈夫心情不好時，可以向妻子拳打脚踢來洩忿。

    b.警方有權向所有被捕疑犯嚴刑逼供，使他們苦打成招。

    c.司法不公正（如法律面前貧富不平等，法官可接受賄賂並偏袒賄賂者）。

    d.在經濟交易中故意詐騙。

    e.隨意殺人、偷盜、說謊。

2. “世上不同民族及社會的風土人情各有所異，所以他們雖有不同的道德標準，却不應該有高下優劣之分。換言之，沒有一個民族的道德操守是較其他民族‘野蠻’，也沒有任何社會的道德操守是比另一些社會更‘文明’。”上述的論點是表達了一種什麼思想？你贊成嗎？爲什麼？

5

道德懷疑主義之三——
主觀主義

5.1　個人抉擇決定一切

　　"道德是見仁見智！"

　　"道德純粹是個人的主觀感受！"

　　"道德不外爲個人品味的選擇！"

　　"這個世界沒有客觀的對錯、是非、善惡，沒有客
觀的道德眞理！"

　　"打倒道德法西斯主義！道德標準多元論萬歲！"

　　在我們生活中，或多或少都會聽過上述這些論調。
倫理學學者稱這類立場爲道德主觀主義。

　　道德主觀主義在20世紀英美哲學界頗爲流行。簡言
之，這門學說認爲：

　　1.道德生活中最重要的事並非我們作了正確的道德
決定（這個世界又有誰有權威來決定什麼是正確，什麼

是錯誤呢？），最重要的乃是由我們自己親自來作道德決定。其他人不應在旁指手劃腳，告訴我什麼是道德，什麼是不道德。他們充其量只可以提供一些建議，而沒有權來告訴我該怎樣來活我的人生。

2. 因此，我所作的道德抉擇決定什麼才是正確的答案，而不是由一個所謂正確的答案來決定我該如何抉擇。我的**主體性抉擇**，比一個在我們以外的所謂道德秩序更重要。

3. 這個世界沒有一個獨立於人以外，獨立自存的道德真理、道德事實、道德秩序、或天理。任何道德價值或規範都是依附着人的道德抉擇而存在的。18世紀的英國哲學家巴克萊（Berkeley）有一句名言：「存在即是被知覺。」把這句名言改變一下，我們可以說道德主觀主義認為「存在即是被抉擇」；這個世界沒有任何道德價值，是不為人所抉擇而獨立自存，獨立不改，周行而不殆。

4. 人的人格、操守及行為本身是道德中立的，當我們在作道德判斷時才賦予它們價值。道德價值是外加的，而不是本有的。因此，有些當代哲學家如澳洲的麥奇(J. L. Mackie)便說道德價值是人所發明出來的；道德思維的任務並不是去「發現」或「尋覓」一些獨立自存的道德價值（因為這些形而上的神秘物體根本不存在），而乃是去「**創造**」或「**發明**」道德價值，把它們從「無」 *43*

帶進"有"來。本世紀法國的存在主義哲學家沙特在其《存在主義與人本主義》中也說:"所以你有自由去選擇——也就是說去發明;沒有任何一般性道德的法則能指引你該怎樣作,指示並不是賜予的⋯⋯人不得已要爲自己發明道德律。"

5.2 臭豆腐與道德價值

"臭豆腐眞醒胃提神!"

"榴槤好味絕頂!"

"瓜子臉的女孩靚到暈!"

"短髮女郎比長髮女郎更有女人味!"

"張三謀殺李四是錯的。"

表面看來,以上幾句說話好像沒有什麼關係;前面四句話表達了某些人的**品味喜好**,而最後一句話却是一個**道德判斷**。可是根據道德主觀主義,這五句話都是同一性質,都是在抒發人的**主觀感受**。

先分析前面四句話。假如這四句話可以說是有眞值的話,完全是講者個人的喜好、品味或抉擇使之爲眞;它們非但不是必然地眞,而且也不是客觀地眞。換言之,這四句話之所以可能爲眞,純粹是因爲我個人對臭豆腐、榴槤、瓜子臉女孩及短髮女郎有所偏好,而不是因爲這四者自身(獨立於我的感受以外)有什麼特性使其爲眞。

各花入各眼，**每個人的感受、喜好及品味都不同**；有些人對臭豆腐、榴槤、瓜子臉女孩及短髮女郎情有獨鍾，另一些人則對它們沒什麼特別好感，甚至討厭。所以這四句話只是反映出我個人的主觀感受，而不是在描述一些客觀事實。

根據道德主觀主義，所有人類的道德判斷都是主觀性的。以"張三謀殺李四是錯的"這句話來說，道德主觀主義者認爲這句話只是反映出講者的**主觀感受**，而不是在描述一些與張三行動有關的**客觀屬性**。這句話之所以是眞，完全是我個人的感受或情緒反應（對謀殺事件的憎惡）使之爲眞，而不是張三的殺人行動自身，獨立於我的憎惡以外，有什麼特性使之爲眞，也不是有什麼獨立自存的道德秩序或天理使之爲眞。換言之，張三謀殺李四這個行動本身是價值中立的，無對錯之可言；可是由於我們對謀殺有憎惡感，於是我們的主觀憎惡感便**賦予**張三謀殺李四這個行動一個負面的道德價值，說這是錯的；這好比某人對臭豆腐、榴槤、瓜子臉女孩及短髮女郎有某一種主觀喜好，於是便**賦予**它們一種價值一樣。再把英哲巴克萊的名言更改一下，我們可以說道德主觀主義認爲"存在即是被好惡"；這個世界沒有任何道德是非對錯，是不爲人所主觀好惡而獨立自存。

因此，道德主觀主義者認爲道德價值純粹是主觀的；道德判斷只是反映出人的個人感受、喜好和品味，而這些感受、喜好和品味，都是各人有所不同，沒有絕對性的。正所謂"世事無絕對，只有眞情趣"，道德價值也是沒有絕對性的，因爲道德問題不外只是各花入各眼的個人感受、喜好及品味的問題。因此，倫理學也不外是心理學的問題而已。

5.3 情緒反應決定是非？

道德主觀主義認爲道德價值、道德規範及道德判斷都是主觀性，而非客觀性的。換言之，事物的是非、善惡及好壞完全是受人後天的個人感受、喜好、品味及情緒反應所決定，而不是受一個先天的道德秩序或天理所決定，也非受事物本身的屬性所決定。因此，這個世界沒有一個客觀的道德眞理，而只有**因人而異的主觀情緒感受**。

因此，根據這種理論，有些人之所以會說"秦檜陷害岳飛是錯的"，完全是因爲他們覺得秦檜的行爲乞人憎；有些人之所以會說"同性戀是不道德的"，完全是因爲他們覺得同性戀行動核突；有些人之所以會說"色情圖片是敗德的"，完全是因爲他們覺得色情圖片肉酸。可是，人對事物的情緒反應及主觀感受各有不同，於是喜歡秦檜的人便會說"秦檜陷害岳飛是對的"，覺得同性戀行爲很美的人便會說"同性戀合乎道德"，覺得色情圖片刺激的人便會說"色情圖片合乎倫常"。

換言之，道德主觀主義認爲社會中之所以有不少道德歧見及爭執，完全是因爲人的情緒反應不同，主觀感受有異所致，這是正常的。我們不應該去尋求什麼客觀道德眞理，要求所有人認同，因爲一方面所謂客觀的道德眞理根本就不存在，另一方面，我們也不應以某些人的主觀感受去壓迫其他人的主觀感受。正所謂"世事無絕對，只有眞情趣"，人只要活得感性眞情，做一個性情中人，率性任情而行便可以了。

　　這種理論聽起來是蠻動聽，可是仔細想一想，却有不少問題。我們都知道人的情緒反應及個人感受並非一成不變，而是有起落，受不同刺激的影響而會起不同的反應；在某些特殊的情形中，人的感受及情緒甚至會是**善變和反覆無常**。假如道德價值是主觀的，豈不是說道德上的是非、對錯及好壞也是變幻無常，朝三暮四的？人的品味與喜好可以不斷更改，今天喜歡吃辣，明天喜歡吃甜；今天喜歡長髮披肩，明天喜歡髮短及耳。可是人的道德價值與社會穩定有密切關係，道德上的是非、對錯及善惡往往與人命財產有關，似乎不應朝秦暮楚，反覆不定。

　　沒錯，有些人是完全按其情緒感受來判斷是非黑白（如上述秦檜、同性戀及色情圖片的例子）。可是"實然"並不表示"應然"，事實上有人這樣作並不一定表示這樣作是正確的。

5.4 倒果爲因與靈肉之分

道德主觀主義認爲道德價値都是主觀的，都是受人的個人感受及情緒反應所決定。當我們喜歡一件事的發生，便說這是對的；當我們敬仰一個人的爲人，便說他的人格崇高。相反的，當我們憎惡一個行動，便說這是錯的；當我們討厭一個人，便說他人品下流。所有道德價値判斷，都可還原爲人的喜好、品味、感受及情緒反應。倫理學的問題，歸根究底，其實是心理學的問題。

這個理論至少還有以下 3 個缺點：

1. 道德主觀主義是犯了一個倒果爲因的謬誤。以"1937年南京大屠殺（死者超過30萬）是錯的"這個道德判斷來說，沒錯，作這個判斷的人往往不是冷若冰霜，而是滿腔悲憤。可是，我之所以作這個道德判斷，不是因爲我的個人情緒反應決定了這個判斷（個人情緒反應是因，道德判斷是果）。我之所以作這個道德判斷，乃是因爲我接受了一種道德規範，認爲所有謀殺都是錯的。基於這個道德規範，我才下結論說"南京大屠殺是錯的"，並且即時感到痛心疾首（道德判斷是因，個人情緒反應是果）。換言之，道德主觀主義之錯誤，是把道德判斷與個人情緒反應之間的因果關係顚倒了，倒果爲因。

2. 世上每一個人大概都經歷過靈肉的衝突；換言之，

雖然我們的良知或理智很清楚告訴我，作某件事是不對的，可是我却蠢蠢欲動，很想去作，很想去滿足這個慾望。再者，雖然我有時很清楚知道我有責任去做某件事，可是却提不起勁，畏首畏尾，不想去作。道德主觀主義告訴我們，我們所喜歡的，便是對的；我們所不喜歡的，便是錯的。可是靈肉衝突的經驗却告訴我們，我們的喜好與感受有時並不是一個可靠的道德指引。道德哲學應該建基在可靠的道德經驗上，靈肉衝突這個重要的道德經驗，却反駁了道德主觀主義。

3. 人的感受與情緒有時是充斥着私心、歪念與邪情，不可以成爲道德價值的決定性因素。用道德主觀主義來支持道德寬容，很容易成爲縱慾的藉口，用道德主觀主義來支持道德多元論，也會容易流爲任意妄爲的托辭。打着道德主觀主義的旗幟，一切核突、不雅、猥褻、下流及病態的行爲，都可以被容許（我喜歡這樣做，所以便是對的）！假如道德主觀主義是對的，道德上一切都百無禁忌！人性的光輝面與陰暗面都同樣可取!?

5.5 道德主觀與道德爭執

假如道德是主觀的，會帶來什麼後果？

設想你今天在上班或下班時坐地車，進入車廂中，赫然發現一個人躺在座位上，獨佔了整排可供六個人坐 *49*

的座位，於是你便很氣憤地對他說：「你眞自私，一個人佔用了六個人的座位。趕快起來！」不料這位仁兄却慢條斯理地回答：「自私？難道你不知道道德是主觀，是見仁見智，是完全受我們的個人感受及情緒反應所決定的嗎？你現在對我很氣憤，所以你說我很自私。我現在却感到心安理得（在香港地搵食是這樣的了，先到先得，多佔多得），所以我不認爲我很自私。道德既是主觀的，便無客觀絕對的是非黑白，我們應該彼此寬容，不干預別人的道德內政，不作道德法西斯主義者。所以請你不要打擾我的地車之眠；假如你仍堅持我的行爲自私，那是你心理的問題，而不是我道德操守的問題。下次進車廂時走快一步吧，笨！」

假如道德價值眞是主觀的，我們可以怎樣回應他呢？我看我們要就是容讓這位仁兄任意專橫，自己忍氣吞聲，逆來順受；要不然，既然無法反駁他的論點，以理服他，便只能用武力來解決問題，强行趕他坐起來，騰出座位給我及其他人坐。

道德主觀主義並非只是一個無傷大雅的哲學理論；假如它是眞的，帶來的後果是很嚴重。

假如道德是主觀的，是完全受人的個人感受及情緒反應所決定，而各人的感受可以不同，情緒反應可以有異，**無高下優劣之分**，那麼人與人之間不同的道德觀也就是一樣可取，無道德與不道德之分了。道德既是主觀的，道德價值也就是多元的了，我們應該百無禁忌，所有道德觀共冶一爐，互相寬容，互相尊重，而不是互相批評，互相非難。

這幅圖畫雖很美麗動人，但也很浪漫天真。人類道德生活的一個無可避免的事實，是人與人之間常有利益衝突，會發生道德爭執。有些人的個人喜好推動他去損人利己，另一些人的情緒反應則推動他不甘損失。在這個你爭我奪的情形中，雙方的個人感受都非常強烈，於僵持不下時，大概便只能以"力量決定對錯"（might is right）的方式來解決問題。力氣大的便贏得是非之爭，煽動性強的便獲取真理；道德歧見只能由拳頭來消除，道德爭執只可用炮火來解決。人類便倒退回弱肉強食的蠻荒社會。

問題討論：

1. 道德主觀主義是否能容納"道德進步"這個觀念？以前的中國人重男輕女，把女人當作次等公民，現在的中國人却接受男女平等；以前西方的白種人販賣非洲黑人作為他們的奴隸，後來却廢除奴隸制度，接受種族平等。這些現象是顯示出一種道德進步？還只是一種道德轉變而已？假如道德是主觀的，我們從何可得一個客觀的道德標準，以評價一個人或一個民族的道德操守是進步了還是退步了？主觀感受、喜好、品味及情緒反應是因人因時而異，沒有絕對性的，無是非對錯之分，我們又從何互相比較，評價高低？

2. 如果道德進步這個觀念不能成立，對人類的道德生活又有何影響？

3. "鹹濕霑"生性風流，好拈花惹草，見到靚女，便非要"滾"到手不可。再者，他思想開通，立場首尾一貫，不單毫無顧忌去"滾"別人老婆，也鼓勵他老婆出去"滾"，也不介意她被其他男人所"滾"。有一天，他遇上了他同事"死板牛"的老婆，當場被她的美艷所震動，下定決心要把她"滾到手"。"死板牛"思想保守，但也立場首尾一貫，反對婚外性行為，他對老婆忠貞不貳，也要求老婆如此對他。假設"鹹濕霑"和"死板牛"都是你的好朋友，但你却是一個道德主觀主義者，認為性道德只是反映出個人的感受、喜好和品味而已，而這些感受、喜好和品味是因人而異，無高下優劣之分，是同樣可取的。你得悉"鹹濕霑"的企圖後，你該怎麼辦？你的道德主觀主義立場，會使你怎麼辦？（記着，身為"鹹濕霑"和"死板牛"二人的好朋友，你不希望任何一人會失望或難過。）

6

推己及人之道

6.1 推己及人

在人類各種主要文化中，似乎有一些道德金科玉律，有一些放之四海而皆準的道德規範，是各種文化的人所共同認可的。

一種"推己及人"的道德規範，便是一明顯例子。儒家稱這個規範爲"恕道"、"忠恕之道"或"絜矩之道"。基督徒則稱之爲"金律"。在猶太敎、印度敎及佛敎，同樣的規範也存在。

先說儒家。《論語》記載："子貢問曰：'有一言而可以終身行之者乎？'子曰：'其恕乎！己所不欲，勿施於人。'"〔〈衞靈公〉(第十五)〕。同樣地，在〈里仁〉(第四)中，孔子告訴其弟子曾參："吾道一以貫之。"其他弟子不明所以，曾參便解釋："夫子之道，忠恕而已。"（換言之，也是己所不欲，勿施於人是也。）

孔子這個教導對後世儒家影響很深。如《中庸》（第十三）中說：“忠恕違道不遠，施諸己而不願，亦勿施於人。”在《大學·傳》（第十）中，這個推己及人之道已不單是人與人在日常生活中相處之道，也是統治者治國平天下之道：“是以君子有絜矩之道也。所惡於上，毋以使下；所惡於下，毋以事上；所惡於前，毋以先後；所惡於後，毋以從前；所惡於右，毋以交於左；所惡於左，毋以交於右；此之謂絜矩之道。……民之所好好之，民之所惡惡之，此之謂民之父母。”

在基督宗教的《聖經》中，耶穌也兩次教導門徒以這個推己及人之道與別人交往：“所以，無論何事，你們願意人怎樣待你們，你們也要怎樣待人，因爲這就是律法和先知的道理”（〈馬太福音〉7:12；參考〈路加福音〉6:31）。由於耶穌認爲這推己及人之道能綜合整個舊約聖經（律法和先知）的教訓，所以後來的信徒便稱之爲“金律”。

在猶太教的經典《塔木德》（地位僅次於《聖經》）中，記載一個故事，說一個非猶太人求見名師希拉爾（Hillel），請求他在這個人單脚獨立的短暫時間之內，把全摩西五經教導他。希拉爾便說：“己所憎惡，勿施於人；其餘都是註釋。”

除了在儒家、基督宗教及猶太教之外，這個推己及人的道德原則也出現於原始佛教。日本學者木村泰賢指 *55*

出在《增一阿含經》中，釋迦牟尼也教導一個"自通法"：
"凡於自己不愛不快之法，於他亦為不愛不快之法；然
則我緣何得以自己不愛不快之法，而緊縛他人哉！"

6.2　金律與銀律

推己及人是一個很基本的道德原則，世界各大宗教
及文化都加以重視。

可是，同是一個推己及人的原則，却有兩種不同的
表達方式——正面的和負面的。儒家、猶太教及佛教強
調負面的表達："己所不欲，勿施於人。"基督宗教則強
調正面的表達："你們願意人怎樣待你們，你們也要怎樣
待人。"（可簡化為"己所欲，施於人"。）為了這個正
面和負面的表達問題，基督徒和其他教徒不知爭辯過多
少次；譬如說，西方的傳教士來到中國，得悉儒家也有
推己及人的道理，但却是負面表達的，於是便稱儒家的
恕道或絜矩之道為"銀律"。言下之意，是比不上聖經
中正面表達的"金律"。

表面看來，正面表達的推己及人之道及負面表達的
推己及人之道似乎是有分別的。透過"己所欲，施於人"
這個**正面表達**，我們可以導衍出很多**正面的善行去遵行**
（這是有所為，action）。如我們都希望別人能幫助我
們，為我們謀幸福，尊重我們，了解我們；所以，我們

也該幫助他人，為別人謀幸福，尊重他人，了解他人。可是，透過"己所不欲，勿施於人"這個**負面的表達**，我們只可以導衍出很多**負面的惡行去迴避**（這是有所不為，omission）。如我們都不希望別人傷害我們，欺騙我們，盜我家財，淫我妻女；所以，我們也不應該傷害他人，欺騙他人，盜人財物，淫人妻女。

換言之，表面看來，負面及正面的推己及人之道的分別是，前者教人離惡，後者教人踐善；前者勸人諸惡莫作，後者勸人諸善奉行；前者導人不做壞蛋，後者導人去做好人。

只不過，從一個嚴格的哲學分析來看，推己及人的正面表達和負面表達其實是在邏輯上等同，作用相等的，因為己所欲和己所不欲的內容都可以是正面或負面的。換言之，假如"己所欲"的內容是負面的不受歧視，不被污言穢語所侮辱，"施於人"的行動便是負面的不歧視他人，不用污言穢語來侮辱他人。於是，用**正面來表達**的推己及人之道，也可以導衍出**負面的諸惡莫作**。同理，假如"己所不欲"的內容是借錢被拒，吐露心事却無朋友願意聆聽（這些都是負面的不欲，可見原來的"欲"是正面的），"勿施於人"（勿把這些負面的不欲施於人）的行動便是借錢給有需要的人（"勿""拒絕"借錢給有需要的人），找時間聆聽朋友的煩惱心聲（"勿""拒絕"聆聽朋友的煩惱心聲）。於是，用**負面來表達**的推己及人之道，也可以推衍出**正面的諸善奉行**。

所謂金律銀律之分，不過是西方人的偏見。

6.3 推己及人與人己之別

推己及人這個道德原則，無論是透過正面或負面的表達，都是要求我們設身處地，將心比心，爲人着想。這原則也就是西方道德哲學中大公無私或一視同仁(im-partiality)的原則。己所欲，却吝於施人，是對己偏袒，是不將對方與己一視同仁。己所不欲，却施於人，同樣地，也非大公無私，而是厚己薄他。

推己及人是一個蠻有用的判斷是非原則，但西方的道德哲學家却發現其中也有不少漏洞。簡言之，一方面，這原則失之太寬鬆，要求太低，以至於一些按道德常理來說是不正當的行動，也被這原則判爲正當。另一方面，這原則又失之太苛緊，要求太高，以至於一些按道德常理來說是正當的行動，也被這原則判爲缺乏正當性。

先說第一個批評，這原則似乎失之太寬鬆。"己所欲，施於人"；假如張三所欲的，是每夜有一年輕貌美少女爬進他床上與他一夜銷魂，他所施於人的，便是每夜爬到一年輕貌美的少女床上與她一夜銷魂(美哲學家 M.Singer 所舉的例子)！又例如張三所欲的是被人用皮鞭鞭撻，他所施於人的便是用皮鞭去鞭撻他人！（換言之，任何一個被虐待狂的人都要成為一個虐待狂的人。）因此，推己及人這個原則是否不盡可靠？

再說第二個批評，這原則似乎失之太苛緊。"己所不欲，勿施於人"；假如張三所不欲的，是別人對他關懷（他慣於做孤獨佬），根據這原則，他便不會去關懷他人！又假如張三所不欲的，是別人掃他門前雪，根據這個原則，他便不管他人瓦上霜！再因此，推己及人這個原則似乎不盡可靠。

上述對推己及人之道的批評，乍看之下，好像言之成理，其實是誤解了推己及人之道的正確應用方式。上述的例子，都是張三把自己個人的特定具體好惡、癖好、情慾或意願，投射到別人身上，假定別人也是好此道者，特定具體好惡、癖好、情慾或意願都與他相同；這樣來應用推己及人之道，當然會引出很多荒謬的結論。事實上，人與人之間的好惡和意願都不盡相同，這正是人際衝突的一個原因。推己及人之道之要求我們為他人着想，不是張三帶着張三自己的特定具體好惡來為李四着想，而是張三假設自己是李四，**用李四的特定具體好惡來為李四着想**。張三喜歡受虐待，李四却未必，故勿施於李四。

6.4 同好此道與推己及人

人與人之間無論在好惡、情慾、癖好和意願方面，都往往不盡相同。人類要羣體而居，但人又私心很重，常顧己而不顧他，很多人際衝突便因此而產生。

推己及人之道正是要解決這個問題。這原則要求我們充分為別人着想，不只顧自己，也要顧及他人；要大公無私，把自己的好惡與別人的好惡一視同仁。只要我們能充分考慮別人的特殊好惡和個人意願，不厚己薄他，為己着想也同時為他人着想，便正確地應用了推己及人之道，而不會產生一些前文提及的荒謬結論。

可是，儘管我們對推己及人之道作了上述較合情理的詮釋，我們還要仔細反省一下，推己及人之道是一個完全可靠的分辨是非的原則嗎？

根據傳媒報道，香港有一個換妻俱樂部，在每次狂歡大會中大搞性愛遊戲，夫妻一起自願參與。當張三與李女士進行性交時，張太及李女士的丈夫都會在旁觀賞。這些會員都是好此道者，都有為他人淫慾着想，彼此照顧，所以都遵守了推己及人之道。

假如你駕車超速，警員要送你"牛肉乾"，可是你們都相信賄賂是最好的解決方式。你不想被扣分，他想秘撈，你為他着想，他也為你着想，於是用賄賂來解決問題便是應用了推己及人之道。

以上兩個例子指出，在道德生活中，只遵守推己及人之道是不夠的。要決定一個行動的道德是非對錯，這個原則是**必要**的（特別是當人與己特定具體的好惡和意願不同時），但却是**不充分的**（特別是當人與己特定具體的好惡和意願相同時）。此中原因有二：

1. 推己及人之精神在於大公無私或一視同仁，可是人類的**不道德**行為却**並不限於自我偏袒及自私**，而也是源於不正當的情慾。上述兩個例子的當事人都很推己及人，他們行為之所以不正當，是因為他們的不正當情慾。

2. 推己及人之道是以當事人當下的好惡和意欲作出發點（我的行動有沒有充分顧及你的意欲和好惡？），人當下的意欲和好惡便因此變成道德的尺度，這未免是**太信賴現實的人性**了。在現實的人性中，人的意欲和好惡並不一定正當，而可以是錯亂、卑劣、下流、變態或前衞怪鷄。在這些情形中，大家都是好此道者，而又推己及人，互相照顧，只會散播罪惡，推動不道德行為。

6.5　推己及人與德育

在前面幾節中，我們一方面討論到推己及人之道的精神與道德作用，另一方面也不斷指出這個道德原則的限制何在。其實我們無意貶低推己及人之道，只是想指出，要在這個複雜的社會中懂得判斷是非，光掌握一個推己及人之道還是不足夠。

但話雖如此，我們也得承認，實行推己及人之道，是道德生活的**起步點**。近儒唐君毅老師在其《中國文化的精神價值》中也指出，在離惡向善的修身工夫中，恕道（即推己及人之道）是“最切近而人人可行之道”。

在教養小孩的經驗中，我們可以得到印證。當5歲的强仔搶走3歲的弟弟的玩具時，家長大聲責罵强仔，不見得能教懂他以後不應搶弟弟的玩具。但家長若用推己及人之道去教導他，收效會更好。

“强仔，假如你在玩你的玩具，弟弟却要來搶，你會覺得怎樣？”

“當然不開心囉，好嬲！”

“旣然這樣，你現在去搶弟弟的玩具，他當然也會不開心和好嬲，對嗎？你也不想弟弟來搶你在玩的玩具，所以現在也不要去搶他的玩具，好嗎？”

有些家長告訴我，對小孩進行德育，應用推己及人之道是最有效的方法之一。

是的，推己及人之道是人類道德生活的起步點。這個原則雖然有其道德限制，但不減其基礎性及重要性。推己及人的原則要求我們充分爲別人着想，不只顧自己，也顧及他人；要大公無私，把自己的利益與別人的利益一視同仁。這世界除了自己外，還有其他與我平等的人存在，我們不能厚己薄他，我們也沒有高人一等的道德特權。假如全人類都做到這個要求，這世界便會少了很多爭執和衝突，少了很多人爲大災難。

試以中國的文化大革命爲例，巴金在其《隨想錄》

第二集的後記中說："但在總結十年經驗的時候，我冷靜地想，不能把一切推在'四人幫'身上……難道我就沒有責任！難道別的許多人就沒有責任！"在文革期間，多少人爲了明哲保身，而作出捨人爲己，損人利己的勾當；用陷害他人和誣告他人的方法來自保，用亂扣朋友帽子，編造假賬來揭發朋友的方式來使自己安全過關及往上爬；爲了不想連累自己的妻子兒女，寧願連累別人的妻子兒女……。

我想，中國人若都遵行推己及人之道，雖有四人幫的陰謀策劃，十年文革還是不會演變成十年浩劫。

問題討論：

1. 明末思想家呂坤說："恕（按：即推己及人）之一字是個好道理，看那推心者是什麼念頭，好色者恕人之淫，好貨者恕人之貪，好飲者恕人之醉，好安逸者恕人之惰。慢未嘗不以己度人，未嘗不視人猶己，而道之賊也。"試評論呂坤這個見解。

2. 德哲康德在其《道德形上學基礎》第二章中，對推己及人之道提出另一批評。他認爲，倘若我們都接受"己所不欲，勿施於人"這個原則，罪犯便可以理直氣壯向處罰他的法官抗辯（"你也不喜歡受懲罰吧，所以便不應該懲罰我"），而國家的刑罰制度便會因而崩潰。你認爲康德這個批評公允嗎？

下篇

應用倫理學

愛 與 性

7

中國古代的性觀念

7.1　中國傳統文化對性事百無禁忌？

　　數年前，周兆祥博士與張燦輝博士在《信報財經月刊》聯名發表過兩篇大文，解釋中西性觀念的極大分歧。筆者當時還在美國求學，無緣讀到。最近發現這兩篇文章都收入吳敏倫醫生所編的《性論》一書中，拜讀之後，再參考幾本論中國古代性學的專著（如最近在港出版的《中國古代性學集成》，大陸出版的《中國古代房室養生集要》等），心中對周張二氏的論點頗有疑惑。

　　首先，周張二氏認為有些中國人之所以認為性是污穢、羞恥及罪惡的，是中了西方基督教文化的毒（《性論》，頁120）。中國傳統文化向來對性事毫無成見，無性禁忌，而是採取一個既開放又自然的態度（頁123）。可惜多年來受西化所影響，香港人的性觀念被弄到"意亂情迷"

（頁130），身爲炎黃子孫，也不信基督教或天主教，但却可以在性觀念上成爲清教徒，"出現"了性問題，眞是數典忘宗，承受西化的惡果（頁123）。

可是，周張二氏又引用了一本英文著作，指出中國人對性的開放態度止於13世紀；從此之後，中國便出現了性忌諱，對性事偷偷摸摸，秘而不宣（頁141）。旣然如此，現代中國人（特別是在大陸）的性忌諱、性無知和性壓抑，便不能歸咎於中了西方基督敎文化的毒，而是因爲承繼了近數百年的民族性（西風東漸，在大陸只是本世紀上半的事，在香港也是上世紀的事）。

此外，周張二氏認爲"中國向來也不像西方那樣，反對口交、肛交、同性戀、避孕等"（頁146），夫妻行房，不論用任何姿勢都可以（頁121）。可是在唐代《天地陰陽交歡大樂賦》中（一篇周張二氏也很推崇的性文獻），在描述士大夫如何與姬妾行房時，有這樣一句："或逼向尻，或含口嗍……是時也，屛翳核袋而羞爲，夏姬掩屄而恥作。"換言之，當士大夫要求姬妾肛交或口交時，像屛翳和夏姬這些以淫亂著名的女人，也會覺得是不正當而"羞爲"及"恥作"（參《中國古代房室養生集要》中的註解）。

簡言之，現代中國人對性事的態度並非百無禁忌，傳統文化也是原因之一。

7.2 道教的性文明?

周兆祥與張燦輝認為,中國古代的性學比西方的先進及更健康,尤其是道教的房中術,對中國性文明有很大貢獻。在某一程度上,這種講法是可以接受的,因為道教的房中術反對禁制性慾,強調夫妻性生活要和諧,因此也提出很多行房技巧給男女參考(唐朝的作品《洞玄子》集前人之大成,提出行房三十法)。

可是,筆者認為道教的性學也有極嚴重的缺陷,必須加以批判。道教的信條之一是眾生皆可修道成仙,而修道的方法除了服食(天然草木及人造丹藥)、行氣、守一等之外,房中術也是其一。古代道教很多流派認為,只要能把握正當的男女交媾技術,便可延年益壽,青春常駐,甚至長生不老而成仙。

什麼交媾技術能如此神奇呢?其要有——採陰補陽,還精補腦。

所謂"採陰補陽",是指男女交媾時,男人可透過其性器官的皮膚,於女性陰道的分泌液中攝取延緩衰老的物質。不符合科學不用說了,這種可笑的採陰補陽說還倡導"廣採陰氣",要不斷和不同的女人交媾,才能事半功倍。成書於晉朝的《玉房秘訣》便不厭其煩引用許多"專家"的傳授,反覆指出"數數易女則益多,一夕易十人以上尤佳；常御一女，女精氣轉弱，不能大益人"。這種論調，可見於許多房中術著作中。透過廣採陰氣，"老人如廿時，若年少，勢力百倍"，"黃帝御千二百女而登仙"！

要廣採陰氣，還要揀選童女而爲，如《玉房秘訣》所說："若得十四、五以上，十八、九以下，還甚益佳也，然高不過卅。雖未卅而已產者，爲之不能益也。"

這種房中術的荒唐成分，是顯而易見的。1.這理論把女人當作男人的工具，是男人要獲延年益壽，青春常駐，長生成仙的道具；2.這種房中術鼓吹性濫交，要愈濫愈好，正中荒淫皇帝及好色之徒的下懷，爲他們的淫蕩生活提供理論根據；3.廣採陰氣要以童女爲對象，社會中的少女，便成爲這些教徒的獵取對象。家貧的少女，不用說，通常都是最早的犧牲品。

周張二氏認爲中國古代的性文明比西方更進步，恐怕是以偏概全的說法。事實上，後來的中國人都唾棄這種房中術，走向性禁慾的另一極端。

7.3　走入歧途的房中術

在中國古代，性學主要是在醫學及道教的房中術中出現。尤其是在道教，由於把房中術視爲養生之道及修練長生不老之法，所以自漢末便不斷有房中術著作出現。

這些著作有精華，也有糟粕。在7.2節我們已討論過採陰補陽和廣採陰氣的荒唐謬論，現在再討論還精補腦這個滑稽學說。

在很多著名的性文獻如《素女經》、《玉房秘訣》、《玉房指要》及《千金要方》中的"房中補益"篇中，都有提出"還精補腦"這個理論和實踐技術。簡言之，這理論認為男人的精液可以補腦，有養生健體之功。所以在男女交媾時，於欲射精之際，要透過一定技術方法，再加上意念控制，使精液經尾椎和脊柱上升到腦部，人體便得到滋補。

根據這個理論，男人與女人行房事，其實是等於在做功課、練功夫。男女交媾，不是互相滿足，而是男人把女人視為進補的工具。這種性事觀，既無科學根據，也是男性中心，要女性為男性服務。在這方面，說中國古代的性學比西方高明進步，實在不可思議。

當然，我們不能否認房中術有一部分有正面價值。可是當房中術發展到還精補腦、採陰補陽和廣採陰氣，房中術似乎已走入歧途。特別是所謂廣採陰氣說，是披上宗教外衣來鼓吹性濫交，鼓吹男人去佔有處女。不難想像，這種道教是會有不少男信徒，也一定會得到既要荒淫又怕死想長生的統治階級大力支持。

為了要協助男人廣採陰氣，很多"壯陽"外丹便紛紛面世（否則如何做到《玉房秘訣》中的指示，一夜之間要與10名以上的女子交合?），可惜這些僞科學的金石丹藥，不少都是致命的毒藥，以致許多皇帝、文人和好色之徒，都成爲花下鬼。這也是中國的性文明？

有見及此，道教中有些流派也排斥房中術。創於金朝，主張儒釋道三教合一的全眞道，更不准道士娶妻；房中術也開始被視爲猥褻淫穢之術，爲道士所唾棄。再加上宋明理學的興起，提倡“存天理，滅人欲”，反對享受男女交媾的樂趣，性禁慾的思想也開始抬頭，於是房中術及其著作便開始式微（至少在民間是如此）。

當今中國人的性忌諱、性壓抑及性無知，似乎並非如周兆祥和張燦輝所說，是中了基督教文化的毒，而是我們的祖宗自宋朝傳授下來的。

7.4 宋明理學與性禁慾

自漢末魏晉以降，迄隋唐五代，是道教房中術的大盛時期，房中術著作充斥於世，中國人對性的觀念也較開放。自宋以後，中國人開始走向性禁慾主義，除了因爲房中術走入歧途，道教自己清理門戶這原因外，宋明理學的興起，也是原因之一。

宋明理學的程朱（程顥、程頤、朱熹）學派，把“心”分爲人心和道心；人心是私慾，道心是天理，互相對立，此消彼長。因此，要“存天理”，便一定要“滅人欲”。　*73*

當然，有些慾望如飲食慾，是不能減的。因此，朱子解釋說：「飲食者，天理也；要求美味，人欲也」（《朱子語類》卷十三）。

把這種觀點應用在性事上，朱子大概會說：「男女交媾，天理也；要求刺激的性興奮，人欲也。」因此，可以想像，房中術所教導的各種花招（如《素女經》的九法，《洞玄子》中的三十法），都會被視為洪水猛獸，猥褻淫穢。

由於這種「存天理、滅人欲」的思想，中國人開始走上性禁慾的道路。支持這個看法的證據之一，是明代龍遵敍所編寫的《食色紳言》（宋明時期，不少人喜歡寫些稱為「紳言」的格言警句來教化眾生）。這紳言又分為〈飲食紳言〉和〈男女紳言〉兩部分。在後者中，龍遵敍除了引用佛經外，尚且引用許多宋明理學家（包括程伊川、朱熹、陸象山、王陽明）的言論，來勸喻男人要遠離女色，禁制性慾。

首先，龍遵敍明言要男人壓抑性慾：「梁武帝敕賀琛曰：朕絕房室三十餘年，不與女人同室而寢亦三十餘年，此致壽之道。……女色壞人，障聖道，……是故女人切要遠離。……寧近毒蛇，不親女色。」其次，他更進一步醜化女色：「皓齒蛾眉，伐性之斧。周顒仙所謂婆娘歹者，此也。……又伎女偈曰：汝身骨幹立，皮肉相纏裹；不淨內充滿，無一是好物。皮囊盛污穢，九孔常流出，

如廁蟲樂糞，愚貪身無異。又詩云：皮包骨肉並尿糞，
強作嬌嬈誑惑人。"因此，〈男女紳言〉開宗明義第一句
便是："伊川曰：欲心一萌，當思禮義以勝之。"（參7.1節
提及的《中國古代房室養生集要》一書。）

　　這類勸戒色慾的紳言，自宋起便相當普遍。在這種
環境中，房中術著作便陸續亡佚，士人之間不再談論性
事。當代中國人的性忌諱、性無知、性壓抑及性問題，
是這樣來的，與基督教及西化無關。

8

性與愛

8.1 性與愛分家論

香港有一羣人熱心推行性教育，這本是一件好事。可是最近筆者發現這批人中，有些人公然主張性與愛可以分家，提出性慾的滿足與愛情完全是兩回事，沒有愛情的性關係也可以是一個令人滿意的性關係。

這些教育工作者只是發表一些零散的言論，而沒有提出一套完整及有系統的性道德觀來支持。要全面了解這套"性與愛分家"說，我們可以參考一些西方哲學學者的理論。近20年來，美國哲學界有一批人研究性的哲學，題名為《性與哲學》或《性的哲學》的書也出版了好幾本。在1977年的《哲學與公共事務》（一本享譽甚高的哲學期刊）中，邁亞美大學哲學教授高民（Goldman）發表了一篇題為〈純粹的性〉（"Plain Sex"）的論文，有系統地爲性與愛分家論作辯護。我們不妨先簡介他的觀點，然後再作評論。

高民認爲，性事本質上並非任何事的工具；旣非生殖的工具，也非表達愛情的工具（雖然性事有時可以爲這些事效勞）。純粹的性事（未經加鹽加醋）很簡單，只是與他人身體接觸而產生快感而已。所以，性事純粹是生理性和動物性的，目的是獲取身體上的愉快感覺。

沒錯，愛侶有時會用性交來表達對對方的愛意，但高民認爲愛意不一定要用性交來表達，丈夫幫忙太太做家務也是愛的表達。總言之，沒有愛情的性關係，也可以是一個美好圓滿的性事。好像音樂一樣，不需要表達什麼感情才可算是好的音樂；只要悅耳，便是好音樂。

由於性滿足是不能自供自給的，一定要與別人性交才行。因此，純粹的性交，只是身體之交；什麼心靈之交，只是額外，非必要的。

高氏也主張有放諸四海而皆準的性道德，只不過，這些性道德並非**內具**於性事之中。由於性關係只是一般人際關係之一，因此，只要把一般人際關係的道德守則應用在性關係上，便是性道德，**此外別無其他性道德**。強姦是錯的，因爲這是強迫別人做別人不想做的事，好像強迫別人與你打網球是錯的一般，與性事無關。性虐待是錯的，因爲虐待本身就是錯的。婚外性行爲通常是錯的，因爲這種事通常牽涉欺騙配偶及第三者；但倘若配偶同意，第三者也知情，在婚外尋求性歡樂並無不可。總之，只要遵守一般道德法則，便可百無禁忌。

8.2 性愛分家的後果

性與愛分家論主張性慾的滿足與愛情是不必有密切的關係；沒有愛情的性關係，也可以是美好圓滿的性關係。性關係只是一般人際關係的一種，所以，只要不違反一般人際關係的道德守則（如不強人所難、不傷害他人、不欺騙），便可百無禁忌。與別人發生性關係，和與別人打網球所需遵守的道德守則是一模一樣的。

這種性與愛分家論會帶來什麼後果呢？我們可以分析一下。

1. 正如打網球的對手可以是好朋友，也可以是陌生人（只要大家都想打網球便行了）；同樣地，我們可以與愛侶性交，也可以與陌生人性交，只要能共同尋歡作樂便可。

2. 打網球的對手可以是同性，也可以是異性；同樣地，異性性交與同性性交都可以，只要大家玩得來，齊齊開心，彼此滿足，便已足夠。

3. 打網球可以打單打，也可以打雙打；同樣地，性交可以是兩個人關上門去做，也可以在客廳中羣交，共同嬉戲（香港有個換妻俱樂部專玩這種遊戲）。

4.打網球可以與業餘愛好者對打，也可以找職業網球手對打；同樣地，我們可以與"業餘者"性交，也可與以性交為職業者交合，只要公平交易，自由買賣，便合乎道德。

5.假如我們與人打網球打膩了，也可以訓練我們家中的狗與我們玩網球遊戲，我把球打過去，牠用口把球撿回來給我們。同樣地，我們可以與人交合，也可以與獸交合；只要我們不虐待這條狗，防止虐畜會沒理由去檢控我們。（在8.1節介紹的高民教授的大作中，他便直言強姦一隻羊與強姦一個女人，沒有任何道德上的差別。）

6.當我們找不到人陪我們打網球時，可以對牆打球自娛；同樣地，當我們找不到性交對象，男女都可用各種方式自瀆（用人手可以，用器具也可以，反正科技如此發達）。

7.打網球可以是一種家庭活動，一種天倫之樂；同樣地，父與女、母與子、兄弟與姊妹之間都可以性交，只要兩相情願，便可以有家庭式的性娛樂。

主張性與愛本質上分離，鼓吹性事獨立論，反對性道德有異於一般人際關係道德法則的人，如要**立場首尾一貫**，必定無法排拒上述的後果。可是我們社會中一般人的道德意識，可以接受上述的性行為嗎？性道德的內容是否真的如此貧乏？性行為的道德約束是否真的無異於打網球的道德約束？性交是否本質上只是肉體之交？ 79

對於這種性與愛分家論，我們要提高警覺。

8.3 性愛，不只是性

在美國哲學界，有些學者也不同意人的性事純粹是生理性和動物性的，性事的本質（至少就人來說）不應只是身體互相摩擦而產生快感而已。尼格爾(T. Nagel)及所羅門（R. Soloman）等哲學家，都認為人的性交，有別於動物的性交，是一種**身體語言**，有表達和溝通的作用。因此，性活動是**二人**之間的事，而不只是**兩個軀體**之間的摩擦。

順着他們的思考方向想，我們可以說人的性交是一種傳達“我愛你”的身體語言。男女發生愛情，並不止是心靈上的事；情與愛，自然地也會帶來身體上的接觸，我們會用一些身體語言去表達這種愛意（如牽手、接吻、擁抱等）。而身體接觸的親密度，又往往與感情的深淺成正比。感情愈親密，便愈想用更親密的身體接觸來做表達情愛的身體語言。

性交，是男女之間最親密的身體接觸，雙方赤裸相見，肌膚緊靠，男體進入女體；彼此解除拘束和矜持，讓狂熱的激情自然流露。因此，性交是表達情愛最特別的身體語言，是雙方最真摯和深厚的愛情和完全信任的極致流露。

所以，雖然性慾和性快感有其生理反應的一面，但人的性交本質上卻並非只是一個生理本能活動那麼簡單。性交，是一個生理心理（感情）合一，或身體心靈融合無間的活動，是兩個人全人的結合。把性交與打網球相提並論，是對人的性生活的本質作極大的扭曲。

中國人喜歡用"交"字來形容人的性事，如性交、交好、交歡、交配、交媾等。可是我們必須要注意，此"交"是何交？根據上述的分析，人的性交本質上是一種**深交**，是**靈肉合一之交**，而非**泛泛之交、一夜之交、肌膚之交**。性交本質上是**兩個整全的人合而爲一的交合**，而非**苟合**或**野合**。人的性關係本質上並不止是兩個性器官的接觸，而是二人全人的投入；它並不止是兩個臭皮囊互相摩擦，而是兩個心靈透過身體接觸的親密交流。一個令人滿意的性關係，關鍵並不限於性高潮所帶來的感官強烈快感，而也基於雙方情意綿綿的擁抱，及與之伴隨的身心圓融爲一的契合。

對男女性事作反思，不能保持價值中立。性關係也有美好與不好，圓滿與缺陷之分。年輕人，要爲美好的人生（包括性生活）而努力！

8.4 有性無愛的缺陷

根據前文正面的分析，一個美好圓滿的性關係，必須以深厚的愛情作基礎。任何脫離愛情而獨立的性關係都是不美滿，有缺陷，不幸可悲的。現再以嫖妓和性濫交來作反面說明。

嫖妓，是以金錢利誘對方來與己性交，二人之間當然沒有什麼愛情可言，妓女純粹是嫖客洩慾的工具。（很不幸，夫妻之間有時也有類似的情形發生。有些夫妻長年不和，妻子無慾望與丈夫行房，但丈夫仍堅持要與她性交，視她為免費娼妓。這樣的行房，妻子便淪為洩慾的工具而已；她不是娼妓，却是妓奴。）

一個以深厚愛情為基礎的性關係好像是一個和諧的二重唱，兩把聲音融為一把聲音，兩位歌者心靈相通。嫖妓洩慾（商業性或在家中），表面上好像也是一個二重唱；兩個嘴巴在動，却只聽見一把聲音，二人貌合神離。

一個以深厚愛情為基礎的性關係，也好像是芭蕾舞中的雙人舞，兩位舞者全人投入，雙雙翩翩起舞，高雅而優美。嫖妓洩慾，則好像是抱着一個人像道具來跳單人舞，滑稽而荒誕。顯而易見，嫖妓洩慾是一個有嚴重缺陷的性關係。

性濫交，是另一種沒有愛情的性關係。與嫖妓不同，性濫交者都是志同道合，你情我願，互相利用對方的身體來洩慾，互相娛樂。可惜的是，性濫交者只知追求**感官生理**的快感，而忽視了兩個人**身心靈整體**的融合為一的更豐富滿足。他們把性高潮所帶來的短暫感官刺激，當作是性生活的全部內涵；這好比有人把貝多芬第五交響樂第一樂章開始時的三短一長音符樂句，當作是第五交響樂的全部，實在是愚不可及！

總言之，沒有深厚愛情而發生的性關係，是把人類性生活的高度和深度**扁平化**，把其多姿多彩之處**單調化**，使這個有豐富內涵的交合失去色彩、光澤、火花及美感。

從事性教育而採取價值中立立場，是告訴年輕人，性與愛分家及性愛合一的性關係都是同樣可取，任君選擇，這是對下一代的欺騙！性教育的工作者，有責任去勉勵年輕人追求美好圓滿的性生活，不要自暴自棄，要鼓勵他們追求高層次的人生境界，而不只停留在動物層次的生活。

在婚前及婚外亂搞性關係，是把價值連城的珠寶賤價賣出，可惜！可憐！可悲！可憾！

9

性自由

9.1 食色性也

很多人動輒便說：“孔夫子曰：食色性也。”這其實是寃枉，孔子從沒說過這句話。也有人誤會這句話是孟子說的，因爲此語出自《孟子》一書。其實這話也不是孟子說的，而是孟子的辯論對手告子所說的（〈告子上〉）；孟子對這句話沒有回應，因爲孟子所關心的是人獸之別的道德性，而不是告子所注意的人類與生俱來的動物性。

不少學者指出，告子這句話中的“色”，即今人所謂的性（男女之間的性關係）。用這個角度來理解，“食、色，性也”這句話是否能成立呢？在本節筆者會指出食和色之間的一些共通點；然後在下一節會繼而指出兩者之間的許多相異之處。

食和色似乎可以相提並論，因爲這兩者之間有不少類似之處。

1. 進食及與異性發生性關係，都是人類與生俱來的動物本能，背後都有自然慾望來推動。

2. 食和色，都是爲了延續生命而有之本能。進食是爲了延續一己的生命，性交是爲了延續種族的生命（現代的社會生物學〔Sociobiology〕特別強調這點，把達爾文以個體爲本位的進化論，推廣成爲以種族爲本位的進化論）。在中國古代，把食與色相提並論的人，並不止告子一人。《禮記》的作者也說："飲食男女，人之大欲存焉"（〈禮運〉）。何以男女性事是如此重要呢？大抵是與繁殖後代有關。"男女之交，人倫之始，莫若夫婦。……故設嫁娶之禮者，重人倫，廣繼嗣也"（《白虎通‧嫁娶》）。可見，食與色都是爲了延續家族的生命。

3. 除了生物的功能外，食和色也可以爲人生帶來歡愉。除了充飢外，美酒佳餚，可使人大快朵頤，一飽口福。夫妻的閨房之樂，床第之歡，是暢快的享受，而不止是傳宗接代的工作。

4. 食與色既然都可帶來歡樂，以享樂爲人生最高目的的人都會在食和色方面縱慾。他們認爲常吃同樣的食物，常與同一個人行房，未免沉悶死板一點。爲了要追求新鮮感，追尋更多樂趣和更大刺激，在食方面便要吃盡山珍海味和珍禽異獸，暴飲暴食，酩酊大醉；在色方面，便濫交雜交，甚至“另闢蹊徑”，肛交、獸交，無所不交！

“食、色，性也”這句話，只從上述幾方面來看，是可以成立的。但我們得有節制，不在食色上放任縱慾。

9.2　食色之辨

香港有些人常以“食、色，性也”為藉口，鼓吹性自由及性縱慾，推銷色情刊物及電影。可是他們却忽略了食與色之間也有好些重大差異。

1.進食，是每天都要作的；從嬰兒呱呱落地，到人老一命嗚呼之期間，畢生都要進食。性交，却不是畢生每天都要作的例行公事。

2.當我們能夠進食時，不管有沒有肚餓的感覺，長時間不進食，是會因飢致死的。相反的，當我們有性能力時，長時間不性交，最多是無後代，但却是不會死，也不會精神失常的。現代社會有不少“單身貴族”，特別是一些事業女性，到了30歲，還惜身如玉，沒有與男人有過肌膚之親；她們長期沒有性交，難道都身心不健康，是變態者，隨時會發神經？

3.進食，基本上是個人的事；如要終身單獨進食，於身體健康也無損。性事，基本上却是兩個人之間的事；自瀆(自我刺激性器官而洩慾)，始終不能提供真正的滿足。

4.除了基本上是兩個人之間的事外，性事也是二人之間極度親密的肉體關係。因此，在進食方面，才剛相識的人也可與我共進晚餐；在性事方面，絕大部分的人都會拒絕與才剛相識的人在床上共度一宵。吃飯，可以大伙兒一起飲宴；性關係，絕大多數的人都會拒絕參加羣交性宴會。

5.在進食方面，沒有多少食道德可言；只要適可而止，不暴飲暴食，不浪費資源便可。可是，在性事方面，卻有性道德可言。強姦、誘姦、迷姦、婚外有染、性玩弄、性虐待、性賄賂、亂倫、賣淫、濫交、獸交、與小童交等等，都被大部分社會中人視爲有違性道德。

6.假如我們被傳媒挑起食慾，解決辦法很簡單，付錢去吃一頓便是了。可是，假如我們（特別是未婚年輕男士）被傳媒挑起性慾，熱血沸騰，慾火焚心，該怎麼辦呢？上青樓嗎？怕不怕染上性病或愛滋病？強姦嗎？怕不怕被抓去坐牢？找個性伴侶解決嗎？到哪裏找？自瀆解決嗎？好像很滑稽搞笑，何以淪落到這個狼狽的地步？

不錯，食與色是有些共通點，但也有許多相異之處，不能混爲一談。動不動便把食與色相提並論，然後便振振有詞地去賣弄色情，是以歪理來掩飾歪事。

9.3 爲何要避孕?

幹嗎要避孕?

這個好像是很簡單的問題,其實是可以有兩個南轅北轍的答案,牽涉到兩種宇宙人生觀。

傳統的看法認爲,人工避孕法是爲夫妻而設計的,目的是要幫助他們不必禁絕性慾,而同時可以減低生育的或然率,以致子女不會在婚姻中出現太早,或子女數目太多。在這種生育計劃中,希望子女都能豐衣足食,並且充分得到父母的照顧和關注。再者,身爲妻子的,也不必終身困在家中相夫教子,做賢妻良母,而可以藉着生育計劃,讓自己有足夠空間去發展事業,開拓自己的人生路向。

在香港,我們以"家庭計劃"來稱呼上述的避孕原因。換言之,人工避孕法是爲成立家庭的夫妻而設的。從事家庭計劃,仍是尊重上蒼的安排,順應自然,接受性交與生殖之間的密切關係;家庭計劃所作的,只是對生育的時間加以計劃而已。換言之,避孕的目的,是要在父母責任、夫妻閨房之樂及妻子事業發展三者之間取得平衡。

另一種對避孕的看法,是認爲對人來說,性交是性交,生殖是生殖,兩者之間根本不應該有密切的關係(雖然作爲一個生物學事實，這密切關係是存在）。這看法暗暗假定上蒼眞是殘酷不仁；性快感明明是人生極高享受，但上蒼却偏偏造物弄人，不讓人去充分享受性生活，因爲頻頻性交，會帶來懷孕這個後遺症。只不過還好，人的聰明才智使人定勝天。避孕藥物的發明，使人可征服自然，爭取到性生活與生殖活動完全分家，使人可以盡情享受性歡樂，而不用有後顧之憂！

性交與生育旣是兩回事，性交與婚姻也不必有任何密切關係。因此，除了在婚內，於婚前及婚外都可隨時性交，擺脫大自然要人有性交便會生育這暴政。換言之，人工避孕是人類的救星和解放者，給予人類性自由及高度性享樂。

這兩種對避孕的不同看法，會帶來兩種不同的性教育方針。根據第一種看法，性教育仍要強調性與愛情，性與婚姻家庭的密切關係。性，旣是男女之歡，也會帶來爲人父母的責任。在沒有準備好要承擔這責任時，便不要"偷食禁果"。根據第二種看法，我們要盡早向年輕人傳揚性解放和性自由這福音，教曉他們如何避孕；可以玩，但小心不要玩到大肚。家庭計劃也可以是爲未結婚、沒有家庭的中學生而設的！

幹嗎要避孕？答案其實並非不言而喻，淺顯自明，因爲背後牽涉到兩種世界觀的選擇。你認爲哪個世界觀才是正確的呢？

9.4 性交技術

梅洛婁（Rollo May）是美國知名心理學家，1991年才獲美國心理學學會頒贈金獎牌，表揚他的成就。他寫過不少膾炙人口的大眾化書籍，如《焦慮的意義》、《人的自我尋索》，最近又出版了引人注目的《對神話的渴求》。

他另有一舊作，名為《愛與意志》（*Love and Will*）（1969年），在英美兩地再版多次，是筆者所相當喜歡的。在此書中，他對西方社會的"性革命"或"性解放"有非常深刻的剖析，值得在香港對男女性事作反思的人參考。

自60年代起，西方出版的教導性交技巧的書籍如雨後春筍，其中最暢銷的莫如《性的歡樂》，圖文並茂介紹各種性交姿勢，及自我尋覓性快感的各款招式。此書後來除了出續集外，也出版了《男同性戀者性的歡樂》及《女同性戀者性的歡樂》二書。

在《愛與意志》第二章中，梅洛婁對這種學習性交"武藝"的潮流感到憂慮。他並非反對性交中要有點技巧；但過度強調技巧，只會使男女做愛機械化。性交時處處要依"天書"的指示去作，反而使人成為這些技巧的奴隸。相反的，反璞歸真，順應自然，不見得會失去床第之歡。過分強調技巧，要在難度上更上一層樓，只會使"功夫"未到家的一方感到自卑。

過分強調技巧，是捨本逐末。根據他自己的臨床經驗，他發覺結婚多年的夫婦若想有真正滿足的性關係，關鍵不是層出不窮的"招式"，而是雙方親密的感情。當有情人終成眷屬之後，眷屬要保持做有情人，這樣雙方的性關係便容易會和諧歡暢。

因為寫這一系列論性觀念的文章，筆者最近才發覺坊間有不少名為《素女經今解》、《古本珍藏玉房秘訣》之類的書出售，用白話文配合圖片來解釋"白虎騰"、"玄蟬附"、"山羊對樹"、"鷗鶘臨場"、"吟猿抱樹"、"貓鼠同穴"等等古代房中術交媾的技巧。筆者恐怕這不是一個可喜的現象。強調性技巧，背後恐怕仍是性交與愛情分家的意識形態。當男女交合不再是情意綿綿的自然流露時，性交便只是獲取感官刺激的途徑，於是很自然地不斷要用新技巧來獲取新鮮的樂趣。上述"鷗鶘臨場"一招（出自《洞玄子》）是一男二少女的複式交合；可見強調性交技巧，很容易便會進入性縱慾和濫交領域。

9.5 性自由與性粗口

心理學家梅洛婁在其名著《愛與意志》的第二章中，正確地指出了當性交與愛情分家後，所帶來的性自由社會只會使人際關係比以前疏離。

在一個性自由的社會，在不受約束的性慾所驅使下，相識者之間彼此樂於發生肉體關係，却忽略了建立深入的友誼關係。他們頻頻有肌膚之交，却鮮與對方有深入溝通或心靈交流。他們有很多一夜之交和泛泛之交，却很少忘年之交和知心深交。他們不羞於在一個普通人面前脫光衣服，赤裸相對，却沒有勇氣與他或她眞誠相待，不虛僞地掩飾自己的眞我。他們可以大方地在對方面前徹底暴露（露三點、四點都沒有問題），却不知如何向對方披露心事、感情或肺腑之聲。他們可以在幾秒鐘內向對方bare one's body，却不知如何啓齒去bare one's soul。

爲什麼性自由會帶來人際關係的疏離呢？因爲所謂性自由，不外是性縱慾，是自我中心的洩慾，是只對對方的肉體有興趣。要建立眞摯的友誼和親密的人際關係，却不可以是自我中心的；相反地，是要願意付出代價，憂患與共、同甘共苦。而且，對方不只是一團肌肉，不是一個洩慾的工具，而是一個心靈主體。

再者，梅洛婁指出，追求性自由的人花很多時間於肉體的親密關係，因而忽略了去栽培親密的感情或眞摯的友誼，所以內心往往空虛和孤單，這是追求性縱慾的昂貴代價。

在論及性的語言時，梅洛婁也有很精闢的見解。隨着性關係的隨便化,美國人有更多的術語來描述性關係。很多人不再說make love,而說have sex;不再說intercourse,而說screw;不再說go to bed,而說lay。這些新術語都缺乏了與別人相交的意義;於是,性交不再是與另一人親密的交往,而變成一件事,變成非人化(depersonalised)。

美國人與中國人一樣,不少人喜歡用"性粗口"來罵人。當我們討厭或仇視一個人的時候,便會用fuck you來襲擊他的心靈。性粗口的流行,表示我們對性關係已不再尊重,不再視之為高貴、神聖和純潔。多講性粗口,言必不文,非單不會去除性壓抑,用自然的態度看待性,而只會貶低性的地位。性關係,本是情愛的極致肉體流露,在性粗口中,却變成侮辱他人及傷害他人心靈的暴力工具!

要培養健康的性觀念,一定要戒除用性粗口來罵人或發洩不滿的惡習。

問題討論：

1. 根據報載，女明星張曼玉"有所不爲"："無可否認，在現今的社會中一夜情是存在着，有些人把一夜情爲極之浪漫！以張曼玉而言，她不能接受一夜情：'我未開放到可以接受一夜情，一個女人不應該如此，一覺醒來，睡在身旁的人竟不相識，一夜情給我的感覺十分污穢……。'在她的眼中就認爲有性便必要有愛，要有愛才可以有快感，她以女性的角度就認爲女性一定要有愛才可以有感覺，如果只追求性，性只是一副機器,且女性不像男性追求性的發洩!"(香港《聯合報》，1992年5月14日，第十二版。) 你覺得張曼玉的性觀念是否落伍、陳舊、"老套"？還是這才是正確的性態度？爲什麼？

2. 根據報載，蕭芳芳被問及不少女明星拍攝艷照或刻意"走光"的問題，"芳芳說：'或者有人覺得過分性感是侮辱了女性尊嚴，但我認爲，每人的做法不同，別人有本錢，又喜歡給人看，這不是錯，不過社會在這方面就要加緊教育，不要令青少年有錯誤觀念。'"既然女星刻意"走光"或過分性感**不是錯**，何以蕭芳芳又會認爲這些現象會令青少年有**錯誤**的性觀念？這種賣弄色相所帶來的性觀念"錯誤"在哪裏？(資料來源:《明報》，1992年4月20日。)

3. 蕭芳芳並且指出:"香港市面上隨時可買到不同類型的

黃色雜誌，但學校却缺乏完善的性教育制度，這樣很容易令青少年有所誤解，引起不良反應。"黃色雜誌何以會令青少年對性有所誤解？不是"食色性也"嗎？

（資料來源：同上。）

4. 有一個好拍三級風月電影的香港導演為自己的行動辯護說："沒有這些事，便沒有你的存在！"你同意這種辯解嗎？既然沒有男女性事，我便不會誕生到這世上來，是否任何與性有關的事，都可以搬上大銀幕？性事既然是一本正經的，何以這些電影會被稱為"色情電影"，18歲以下青少年不准觀看？

10

從道德角度看同性戀

10.1 同性戀者要求"大婆"地位

從法律觀點，筆者贊成同性戀非刑事化。意即在法律上同性戀者不應受到歧視和排斥。他們應該得到與一般人平等的公民權利。在道德上同性戀行為縱然有錯，也不應被視為刑事罪案，正如根據香港法律，通姦也不構成刑事罪案一樣。

但就倫理觀點，筆者却不贊成同性戀行為（同性發生戀愛，發生性關係）。現在讓我們先檢討一些贊成同性戀的論據。

1. 同性戀行為是雙方志趣相投，兩廂情願而進行，並且沒有傷害任何人，所以應該被容許。

2. 同性戀行為是屬於兩個人的私生活，公衆無權干涉，它脫離了道德的範圍。

3. 人類有戀愛自由，可以自行選擇戀愛的對象；也有性行為的自由，可以自行選擇性交的伴侶。反對同性的人談戀愛及發生性行為，是侵犯了人類一個神聖的權利。

3種論點都有缺陷，但仔細分析：

1. 一個你情我願的行為，雖不傷害其他人，但並不馬上表示這個行為在道德上是正當的。譬如說，雖然有些女士是被人操縱，強迫賣淫，但也有些女子是甘心情願去當全職或兼職妓女，出賣肉體來賺錢，以性器官作謀生工具。當嫖客與後者發生性關係時，是兩廂情願，不傷害任何人（假設男女雙方都是未婚，所以也不會傷害配偶的心靈），但在道德立場，社會大眾還是認為這種行為是不正當的。所謂"換妻遊戲"也是如此，雖是情投意合而進行，也不傷害其他人，但也為我們道德意識所不容。何解？因為這兩種行為都扭曲了性交的真正意義。可見，你情我願及不傷害他人雖然是一個道德行為的必要條件，但卻並非是充分條件。

2. 性生活雖屬個人隱私，應在**法律**干預範圍之外，但仍屬**道德**範圍之內。性生活並非道德中立，無是非對錯之分的。否則，"性道德"一辭便是一個無意義的癡人夢話。

3. 戀愛自由雖是一個神聖的權利，但這並不表示在芸芸眾生中，每一個人都適合成為我的戀愛對象。有**自** *97*

由去做某一件事，並不表示那件事一定是**正確**的。

同性戀解放運動想爭取的，其實並不是同性戀的自由而已，而是同性戀的正當性或道德合法性。他們主張同性戀與異性戀具有同樣價值，同樣地位，二種同樣正當，同樣應被接受的偏好和生活方式。同性戀者所爭取的，並不是做"二奶"的自由，而是與異性戀者共享"大婆"的地位，故已不再是戀愛自由的問題。

換言之，正如籍貫廣州的父母，應該讓女兒自由選擇如意郎君；廣州人、潮州人及上海人並無價值分別。同樣地，同性戀解放運動認為，異性戀的父母應該讓子女自由抉擇，告訴他們同性戀與異性戀都是同樣可取，無價值高下之分。

由此可見，同性戀的普遍化並不只是個人的私事，而是社會中一種價值的改造。我們願意接受這種改造嗎？

10.2 反對同性戀的論調

在討論同性戀的道德是非對錯的時候，有兩種反對同性戀的論調是經常出現的：1.同性戀的行為（戀愛、性交）是極其噁心和"核突"；2.同性戀行為是違反自然。

筆者雖也在倫理上不贊成同性戀的行為，但却認為上述的兩個理由都難以成立。

1. 所謂噁心或"核突"，是一種情緒上的感受及反應，是相當主觀，因人而異，見仁見智的。有些人覺得臭豆腐或榴槤陣陣奇香，醒胃提神；但也有些人覺得它們臭氣熏天，慌忙掩鼻。同理，有些人覺得同性戀令人作噁，但也有些人覺得同性戀很美，很浪漫。噁心或"核突"與否是一種情緒上的反應，是主觀的，並不能成爲客觀的道德之基礎。

2. 所謂同性戀行爲違反自然，是一種非常含糊不清的說法。有些人會進一步把這個論點作以下的澄清——禽獸尚且不會同性之間進行性交,同性戀的人却這樣做,眞是禽獸不如! 這便是違反自然!

隱藏在這個情緒性很重的論調背後是一個很重要的前提——"禽獸所不作的，人也不應該作"〔這是前提一。前提二是"禽獸沒有同性性交"，結論是"人也不應該同性性交"〕。

可是，"禽獸所不作的，人也不應該作"這個一般性前提是難以接受的。因爲事實上很多事是禽獸所不作，而人却作，但又非不道德的，如穿衣服、人工避孕等。有些禽獸是露出性器官，內衣外衣都不穿，招搖過市，張三若"順應自然"，有樣學樣，非但沒有合乎道德，相反的，却會被認爲是不道德，有傷風化! 可見禽獸所不作的，並不就一定表示人也不應該作。

有些贊成同性戀的人也會犯同一個錯誤。他們會引 99

經據典，指出某些生物學的研究發現有些禽獸也有同性性交的情形，所以人類同性性交是可以的，並沒有違反自然。這個論點假定了"禽獸所作的，人也可以作"這個前提。但這個一般性前提是不能接受的，因為有些事是禽獸所作，但人却認為是人所不應該作的。很多禽獸都是雜交，但我們却認為性濫交是不道德的。"衣冠禽獸"是一個貶斥語，而不是恭維語，可見我們的行為與禽獸太相似也不行。

換言之，假如我們故意與禽獸有別，禽獸不作的，我們却去作，便會被罵為"禽獸不如"！相反地，假如我們故意與禽獸認同，禽獸作的，我們便有樣學樣照作可也，又會被罵為"衣冠禽獸"！難道真的是左右做人難？非也。上述的現象只是清楚告訴我們，人的道德規範不能建立在禽獸的行為模式上；以禽獸的行為作準繩，來決定人的行為是違反或符合自然，是錯誤的道德推理。

10.3　同性戀與性縱慾文化

香港1991年刑事罪行（修訂）條例草案，建議同性戀非刑事化，其實是建議將成年男子彼此同意而私下進行的性行為（buggery，肛交，俗稱雞姦）不再列為違法。換言之，問題的焦點並非在兩個成年男子或女子談戀愛，而是在兩個成年男子的性行為。用準確的中文來說，不該說是"同性戀"非刑事化，而應說是"男士同性性交"非刑事化。

同性性交並不是一個孤立的現象，而應該透過現代社會的性縱慾文化這個脈絡來了解。

現代社會的放縱性慾文化有**兩個**特徵：1.把生育活動及愛情與性行爲完全分家，絕對隔離。性交本身就是一個目的，而不也同時原則上是生兒育女或表達愛情的手段。性交純粹只是一種享樂，一種人生享受。所以性行爲完全沒有必要限制於夫妻之間，可以脫離婚姻關係而獨立進行。

2.性行爲既然純粹是一種娛樂，而人生在世須盡歡，所以便大可以追求多樣化的性刺激，尋求多姿多彩的新的性經驗，追求"最高享受"，在性探險方面要不斷更上一層樓。

根據上述兩種性縱慾思想，於是便有以下這些性縱慾行爲的表現——市面上很多報紙、雜誌、電影和錄影帶都以性爲題材，繪影繪聲，公開歌頌姦淫和性濫交，譁衆取寵。現代男女才剛相識，還沒相愛，便急着滾上床做愛。婚前及婚後都保持有一羣性伴侶，玩"換妻遊戲"，視性關係的忠貞不貳爲落伍、沉悶及"不健康"。

男同性戀者之間進行性交，是這種性縱慾文化的另一個具體表現。根據很多學者的研究發現，**大部分**的男同性戀者都是雜交的，利用公衆場所（如公廁，澡堂）

作為風月場所，彼此肛交或口交。就算對方是陌生人，只要是好此道者，都可以齊齊在那裏尋歡作樂。他們很少墮入愛河，而却常常墮入慾海；他們的所謂愛情是朝三暮四，換伴侶如換衣服一般。這種現象並不限於西方，中國人的男同性戀者大部分也是這樣；可參考台灣出版的《中國人的同性戀》(1991年)，及香港出版的《他們的世界：中國男同性戀羣落透視》(1992年)。

中國古代的帝王將相飽暖思淫慾，除了玩弄女色外，狎弄太監、變童、書僮、男妓等在歷代都有所聞。只是以前的性縱慾文化主要是發生在統治階層，現代的性縱慾文化則開始成為一種大眾文化，甚至是一種潮流文化。

所謂"同性戀"非刑事化，說穿了，對**大部分**男同性戀者而言，主要是成年男子"同性淫"非刑事化。

同性戀並不是一個孤立的現象。要正確地從道德層面評論大部分男子的同性戀行為，必須也要全面評論現代社會的性縱慾文化。

10.4　同性戀的性道德

同性之間進行性交，通常假定了以下兩種性觀念的其中之一——性關係本質上是一種尋歡作樂的行為而已，或性關係本質上只是一種愛情的表達。

正如上文所述，男同性戀者**大部分**都是在性關係方面濫交的。他們這種生活方式，是假定了性交不外是一種娛樂，是一種尋歡作樂的方式，性關係只是一般人際關係的一種。因此，性關係的道德規範與一般人際關係的道德規範是一樣的——只要兩廂情願，志趣相投，彼此都能從中得到快樂，便可以發生關係。至於對方是同性或是異性的，則是一個不相干的問題。

根據這種性道德，強姦是錯的，因為對方是被迫的；與小孩發生性關係也是錯的，因為小孩心智未成熟，年少無知，未具有同意或不同意與別人性交的心理條件。所以這種性道德也非一無是處。

只不過，這個道德規範還是太寬鬆了。根據這個規範，通姦、嫖妓、濫交、羣交、獸交、甚至亂倫等都可以是正當的，可以堂而皇之進行，但這個結論却是與一般人的道德意識相違，難以接受。

另一種性道德標準，是把性關係視為一種特別親密的關係，而不是一般人際關係那麼簡單。性關係本質上是一種愛的表達，所以，只要雙方互敬互愛，有一個深厚的感情為基礎（而非只是陌路人），便可以發生性關係。至於對方是同性或異性的，則是一個不相干的問題。

這個性道德標準比上一個可取，因為不單強姦、與小孩發生性關係不能成立，通姦、嫖妓、濫交、羣交、獸交等也會被排除為不道德，男同性戀者之間的雜交也 103

受其他同性戀者所唾棄。

可是，光以彼此相愛來作爲性關係的基礎也是不夠充分。親生兄妹之間可以是彼此相愛，但却不適宜發生性關係。繼父與20多歲的女兒可以是彼此相愛，但也不宜發生性關係。可見愛情只是發生性關係的必要條件，而不是充分條件。

以上已檢討過兩種性道德觀，發覺二者都太寬太放任，不足爲法。同性戀者之間進行性行爲，通常都以上述其中之一作根據。可是這兩個標準本身旣然都不能成立，同性戀者之間的性行爲便失去道德理據。

正確的性觀念是什麼？下文再談。

10.5 同性戀者不能生育的缺陷

人類性關係的本質之一是生兒育女，同性戀者的性交却是絕對沒可能生殖，所以同性戀者的性交是一種有缺陷的性關係。

何以見得人類性交的本質之一是要生兒育女？讓我們反省一下人類的生理結構。男性在性交時通常會射出精子，而我們都知道精子並非一種娛樂工具（所以性交並非只爲娛樂），也非一件愛的禮品（所以性交並非只爲表達愛情），更非一些廢物，而是繁殖後代的原料。

所以我們可以說性愛與生殖是一體兩面的活動，不可以分化和孤立。性愛與生殖是一個聯盟，雙方不可以各自為政。

然而，精子要與卵子結合才能產生新生命。男性雖然差不多每天都可以排出精子，女性卻要每四個星期才排卵一次。所以，上天的安排也並非要男女每次性交都一定要生兒育女。換言之，性愛與生殖只是**原則上**是一體兩面的活動，而非在**實際上**無時無刻都要結合在一起。**生殖的可能性**（而非實際的生殖）是正當的人類性生活的另一必要條件。

同性戀者之間所進行的性行為是怪異的，因為這種性行為只有性愛，而不可能有生殖；它把性愛與生殖的活動完全分割，歪離了性的本質。這是一種有缺陷或不圓滿的性關係。

有人會問，假若性愛與生殖活動是一體兩面，不容分割，那麼人工避孕是否便是錯的（人工避孕的目的顯然是只享受性愛而不要生殖）？接受人工絕育後的人是否也不應與配偶有性行為？現代夫婦不乏雙方都事業心重，不想有孩子，他們是否又因此絕不可行房？那些天生下來不育的夫婦又怎麼辦？他們的性生活也是只有性愛，而沒有繁殖。

這些問題都很容易回答。性愛與生殖只是**原則上**是一體兩面，而非實際上無時無刻都要結合在一起。換言之，性的本質只是要求人類性關係要有生殖的**潛能**。採用人工避孕的夫婦，只是技術上不能懷孕，但交媾生殖的潛能仍在，同性戀者却是原則上永不可能交媾成孕，所以兩者不能混為一談。已生下數個孩子而進行人工絕育的夫婦，因為已經生育，所以也沒有把生殖與性愛原則上割離。再者，輸卵管與輸精管切斷後，也絕非全無接駁的可能，所以生殖的潛能並沒有徹底消滅。婚後不想有小孩的夫婦一旦回心轉意，隨時仍可生育，所以仍非原則上不可能生育。天生不孕的夫婦只是生理有故障，經矯正後仍有生育的可能。

相反地，同性戀者原則上永不可能生育。性關係既歪離了性的本質，便是缺陷。

上天造人，使性愛與生殖是原則上一體兩面的活動。我們究竟應順應自然（道家思想），天人合一或天人相應（儒家思想），尊重這種安排？還是要與自然或上天為敵，征服自然，擺脫自然的安排，以表示人定勝天？這牽涉到人生世界觀的抉擇。

11

同性戀與現代社會

11.1 "同志"電影

1992年1月1日至23日，香港藝術中心舉辦了第二屆"同志電影節"（"同志"者，香港的同性戀者的互相稱呼是也）。根據藝術中心一月號的《藝訊》第5頁，這個電影節的主辦人解釋說，成人同性戀既已在1991年於香港非刑事化，"現在，把公正無偏見的同性戀觀念灌輸給香港大衆，並且對這問題展開討論，正是恰當的時候了"（筆者之中譯）。

既然如此，我們便響應這個呼籲，再討論一下同性戀這個現象吧。

電影節的主辦單位把這一屆參展的電影分爲兩類："同志站出來"系列，及"女人爲女人而拍的情慾電影（erotica，應譯作性慾電影）"系列。筆者想帶一羣學生去認識清楚同性戀的真相，可惜門票老早便售清。還好，藝術中心中有很多這個電影節的特刊派發，介紹每一部參展的電影；在這些情節介紹及詮釋中，筆者再一次發現男女同性戀的一些有趣差別——對於一些女"同志"來說，女同性戀運動是婦女解放運動的表現之一。

以《處女機器》這部德國片為例吧，電影節的特刊有這樣的介紹及評論："有趣的事情是塔勒（註：該片編導）用了幽默的手法來帶出了女主角的 erotic liberation（註：即性慾解放）——一個女扮男裝的脫衣舞孃回復女兒身後與女主角共度一宵女同志的性愛生活，⋯⋯而後來女主角則解放到走到脫衣舞台上以女性的身份來跳脫衣舞以撩動台下的女子們，她不以女扮男裝來取悅那羣女同志，却以女體本身來挑逗她們。這自我肯定無疑是強調女同性戀者也可以自給自足，毋須倚仗對男體作出投射才能獲得性興奮"（特刊第 6 頁）。而在藝術中心出版的《藝訊》一月號中，對這套電影有這樣的詮釋："正因為女性的主體向來不被承認，自戀就是對男權的顛覆"（第 8 頁）。

按照上述主辦單位的介紹及說明，很明顯的，《處女機器》這部電影要傳遞一個訊息，有些女人之所以要故意選擇從別的女人身體上獲得性慾的滿足，異性相拒，同性相吸，原來是對男人的抗議，是要擺脫男人對她們性慾的控制，是要對男性作一宣告："沒有男人，我們女

人還是可以生活（包括性生活）得快樂滿足。"換言之，
女同性戀的出現，部分原因是要向男權社會及父系文化
挑戰。

11.2　女同性戀與女權

有些女性之所以會變成女同性戀者，故意異性相拒，
同性相吸，是基於一種政治意識形態——女權主義。正
如前文所討論的《處女機器》這部電影所想要表達的，
女性之間的自戀，是要對男權作顛覆。

為什麼女性要向男性宣戰呢？因為女權主義者（或
稱婦女解放分子）認為，世界上大部分的社會都是男權至
上的不平等社會。在這種社會中，男人只顧自己的利益，
都是大男人主義者，把女性看作為滿足男性生活的手段；
丈夫是為自己而活，妻子卻要為丈夫而活。在這種社會
中，女性的權益不受重視，女性的感受不被尊重，女性是
次等公民，更糟糕的是，很多妻子淪為丈夫的半奴隸。

1973年美國最高法院通過墮胎合法化；導致這個歷
史性判決的訴訟稱為Roe vs. Wade。Roe是Jane Roe的
簡稱，是德克薩斯州一個懷孕婦女為隱藏身份而取的別
名。在1983年，墮胎合法化10周年的時候，她接受了報
紙的訪問，談論10多年前打官司的感受。她並且透露她
已成為一位女同性戀者，正與一位女伴同居。為什麼會

有這個轉變呢？根據她的解釋，她所遇過的男人沒有一個是好人，沒有一個真正愛過她。

其實，不少女同性戀者都有上述的經歷。她們的前任丈夫或男友都把她們當作發洩性慾的工具，所以在性交時，不會對她們溫柔體貼；只顧自己得到快感，而不理會她們也是否得到歡樂。她們不甘繼續為這些"狗男人"提供免費及隨時的娼妓服務，所以便追求性解放，把性愛的對象轉移到其他女子身上。"女人不能因為男人的剝削而放棄對性慾的確認與享受，正如不應因噎止食"（第二屆同志電影節特刊第2頁）。這次參展的《處女機器》這部電影，便是想表達這個主題。

這類的女同性戀者認為，只有女人才明白女人的遭遇與感受；男人都是自我中心，都不可靠。在另一部描述女同性戀的電影（《雙鐲》，中港台合作，1991年夏於一般電影院上映）中，其中一名妻子可憐兮兮地泣訴："白天他打我，晚上他壓我。"

在現代男權社會中，平等的異性戀既是不可能，而**平等**比**異性**更可貴，於是便變成女同性戀者，在那裏才有平等的關係、愛情和性滿足。

因此，這種在兩性關係上採取的自戀及自閉政策，是退而求其次，是一種不圓滿和逼不得已的生活方式，是被男權社會所逼上梁山的。

社會上的大男人，要好好懺悔。

11.3 同性戀的自戀、自閉與自滿

在古希臘有一個有趣的神話，Narcissus 是一個俊俏少年，形貌出衆，多少少女戀慕他，向他示愛，都被他高傲地拒絕。其中一個心靈受創傷的少女便向神明申訴，於是Nemesis女神便懲罰這少年要畢生戀慕自己。當他俯身在一池塘上想拿水喝的時候，看見自己的倒影，突然發現自己原來是如此俊俏，如此具吸引力，於是便不斷凝視水中自己的倒影，自我陶醉，捨不得離開池塘。由於他無暇進食，這俊俏少年便餓死於池塘邊，化爲一棵花卉。後人便用他的名字（Narcissus，即水仙花）來稱呼一種出現在水旁的花卉。20世紀的心理分析學者便根據這個故事，造出Narcissism（自戀）這個名詞，來描述那些過度戀慕自己的行爲。

兩個同性別的人互相戀慕，發生愛情，是一種性別上的自戀。他們或她們只被同性別的人所吸引，只陶醉於同性別的親密戀情，而對異性的人不感興趣。

正如Narcissus高傲地瞧不起愛慕他的少女，有些同性戀者之所以會陷於性別上的自戀，也是因爲瞧不起異性。他們或她們甚至會討厭、鄙視和憎恨異性，只肯與異性做普通朋友，而不屑與異性談戀愛，作親密的伴侶。前文所提及的Jane Roe（因着她的訴訟，而導致1973年

美國最高法院通過墮胎合法化），便是一個例子。她後來成為一位女同性戀者，與一位女伴同居，因為她認為她所遇過的男人沒有一個是好人，沒有一個真正愛過她。

對異性無論是有厭惡感，或是恐懼感，都是一種很不幸的事態；這種性別上的自閉，是逼於無奈，是退而求其次，因此也是有缺陷，是不圓滿的。

除了自戀和自閉之外，同性戀也是一種自滿。男女兩性不但生理構造不一樣，性格也各異。男有男的性情，女有女的性向，彼此相異，也互相補足，地位平等。傳統社會的男尊女卑，男貴女賤和男強女弱的觀點是要不得的，但這並不表示我們也要揚棄男女性格互補論。同性戀的生活假定在一個性別當中，萬物皆備於我矣，並不需要另一個性別來補足；因此可以自組"女兒國"或"男人國"，在感情生活上自供自給，不假外求。這是一種性別上的過分自滿。

我們不該討厭也不應敵視同性戀者，但缺陷始終是缺陷，從人倫的角度來看，同性戀的生活是不圓滿的。

11.4 同性戀家庭

自有人類歷史以來，任何一個社會的家庭制度都擁有兩個不可或缺的要素：1.至少二個人組合，共同生活，終身廝守，互愛互助。2.他們自己生兒育女，培養下一代。

近年來，同性戀者為了要加強他們行為的合理性，便主張締結同性婚姻及建立同性家庭，要求政府把同性婚姻合法化，讓同性配偶可以具有異性配偶的同等法律地位和權利（如承繼遺產權，對子女的家長權等）。這是現代同性戀與古代同性戀相異之處。

這種新的家庭模式是徹底地向傳統家庭模式挑戰。在後者中，男女結合成為夫妻，原則上都可以生兒育女。有些夫婦或因避孕節育，或因生理故障，都只是技術上不能生育而已，而非原則上不可能。兩個男人或兩個女人締結姻緣，却原則上絕不可能自己生育。這是一個極其嶄新的家庭模式。

有些同性戀者為了要建立一個較完整的家庭，顯示出他們的社會生活與異性戀者無異，於是便利用新近最先進的生殖科技，為他們的家庭製造新成員，人工繁殖。男同性戀者可僱用代孕母，女同性戀者可求助於精子銀行，人工成孕（歐洲共同體於1989年發表了《葛羅佛報告書》(*Glover Report*)，討論生殖科技所產生的倫理和法律問題，建議中的其中一項便是建議歐洲共同體諸國，不需立法禁止同性戀者利用生殖科技來人工繁殖後代）。

可是很明顯的，同性戀者用這種方式來建立一個較完整的家庭，是偏離正途，故意要走歪路的。他們（或她們）既要生兒育女，為何不乾脆與異性結合，陰陽和合，順順利利地繁殖後代？何苦要選擇一種原則上絕不可能生育的家庭模式,但又要堅持生育,求助於婚姻關係以外的第三者?我們是否有必要堅持可以把生殖活動完全抽離於婚姻制度之外?究竟傳統家庭模式有何弊病?我們是否願意接受一場家庭模式大革命?

從西方社會的"同性戀解放運動"我們可以看到,同性戀絕對不止是個人偏好或個人隱私那麼簡單。由同性戀者所組織的家庭,是對傳統家庭模式的一個驚天動地的挑戰。同性戀運動的展開,會對社會帶來深遠的影響,我們必須極度審慎處理。

同性戀者並不甘心只做"二奶",而是要積極爭取一個與異性戀者共享的"大婆"地位。他們是下一個世紀的社會革命先頭部隊,不容忽視。

11.5 天生麗質難自棄?

同性戀行為不是病態、變態或畸形,但却是一種不圓滿,有缺陷的生活方式。

討論同性戀現象,其中一個最困難的問題,就是同性戀傾向的成因何在?是與生俱來的?後天培養的?世界醫學界對這個問題一直都是眾說紛紜,沒有定論。

有些學者認為同性戀傾向是天生的,這些人的大腦所分泌的荷爾蒙有異於其他同性別的人,所以便有異於其他同性別的人的性取向。也有些學者認為同性戀傾向是後天促成的，特別是小童長期與異性的家長有不正常的關係（家長過分兇惡殘暴，或過分溺愛親密），以致長大後對異性失去戀愛及性愛的興趣。另有些人認爲同性戀行爲是長大才習染的，是一種癖好，一種甘心情願選擇的個人的生活方式。

假設有部分"同志"的同性戀傾向千眞萬確地是與生俱來，是沒有經過他們的選擇或同意便天生如此，是無論後天多努力都沒法消除的，要阻止他們的同性戀行爲（戀愛或性交），豈不是對他們不公道嗎？他們會抗議說："上蒼造我們如此，你們有什麼理由說我們的生活方式是不圓滿或有缺陷的呢？"

可是，問題的關鍵是，是否天生下來的人性都是美善無瑕疵，全都值得發展擴充，而絕不可疏導轉化？事實上，在現實人性中，我們發現人有美善之處（如同情心、正義感），也有缺陷的地方（如貪念、駕馭人的支配慾；1973年獲諾貝爾醫學獎的奧國科學家 K. Lorenz，於其名著《論侵略》中更指出，人皆有侵略行爲的天生傾向）。因此，同性戀的傾向，就算是天生的，也不見得就一定是值得發揚光大的人性菁華。與生俱來的，不一定就是美好的；更基本的問題仍是同性戀的傾向（不管是先天或後天帶來的），究竟是美好的？還是有缺陷的？根據前文的反覆論述，答案應是後者。

假如有些人眞的是很不幸天生下來便有同性戀的傾

向，他們雖無法消滅這傾向，却可以不作任何同性戀的行為（戀愛和性交）。他們可以透過很多人生活動，來疏導及昇華這傾向，而保持與同性別的人不發生超友誼的行為。沒有戀愛（但可以有深入的友誼），沒有性交，人是不會死的（沒有因性飢渴而死這回事），也不會發瘋或神經失常的。

"不自由，毋寧死"，尚且可接受；"不戀愛，毋寧死"，是對單身貴族的侮辱；"不性交，毋寧死"，則是現代性縱慾文化所編造出來的謊言。很多獨身人士都生活得很快樂；他們有異性戀的傾向，却可以沒有異性戀的行為，有同性戀傾向的人，為何不行？

11.6　同性戀順應自然?

贊成或接受同性戀行為的人，很多時候會提出一個"順應自然的論證"來支持他們的觀點。這個論證有以下3種的表達方式：1.同性戀並不單是人類的現象，在動物界中也有同樣情形，所以同性戀是合乎自然，是可以接受的。2.有些人天生下來便是同性戀者，同性戀的傾向老早便存在於他們的遺傳基因中，所以我們應該讓他們的行為順應他們與生俱來的人性，從心所欲而行。正是"天命之謂性，率性之謂道"是也。3.在人類中，古今中外的社會都有同性戀，所以同性戀並不是現代社會的畸型或變態行為，我們不必大驚小怪，只要多見便不怪了。

關於上述的第一種順應自然的論證，我們在10.2節中已有詳細討論，故不重複。

至於上述第二種順應自然的論證，我們在11.5節中曾指出其嚴重漏洞，所以這種論證也同樣不能成立。只是，我們可以在這裏補充一點意見。一個同性戀者，不管是天生如是，或是後天養成的，萬一真的改不掉其同性戀行為，也不能長久獨身，禁絕戀愛及有性行為，在這個悲慘的處境中，他（或她）至少要過一個負責任的生活。譬如說，絕不可濫交（特別是在這個愛滋病流行的時候），不可勾引或利誘少年人與他性交，盡量遠離引誘大的環境，學習與同性別的人培養不含性交意圖的友誼等。

上述第二種順應自然的論證，可以見於香港法律改革委員會，於1983年4月所發表的《有關同性戀行為的法律研究報告書》中的第四章："傳統中國社會的同性戀問題"。《報告書》指出在傳統中國，上自商代，下迄清朝，都有同性戀事情發生。言下之意是，同性戀在傳統中國社會是一件大家都習以為常，得到普遍接受及容忍的事；同性戀是一種自然現象，不應反對。

站在倫理學的角度來說，這種順應自然的論證是不能成立的，因為道德規範不可以光奠基於經驗事實之上，道德價值並非由統計數字所決定，從"實然"本身推論不出"應然"來。在古今中外的人類社會中，娼妓、男女不平等、獨裁專制暴政等都廣泛存在，但並不因此便可以使這些事情合理化。同理，同性戀的存在並不就表示它一定是對的。

問題討論：

1. 不少支持同性戀的人，都曾提出類似下述的理由："性取向完全是個人的品味選擇，純粹是一種喜好或癖好。人的品味喜好各有不同（正如有些人愛吃辣，有些人愛吃酸，其他人却受不了這些味道），完全是受個人的主觀感受所決定，無是非對錯之分。所以同性戀者與異性戀者應該互相尊重、寬容、不彼此排斥才對。"你同意這個論點麼？爲什麼同意或不同意？

2. 有些反對上述論點的人會說："假如性取向純粹是一種非道德性的品味選擇，那麼喜好與小童性交（在泰國及菲律賓局部地區這已是一個新興的旅遊事業），與野獸性交，與死屍性交等性取向也都成爲非道德性的品味選擇，別人不應評論及阻止！我們願意接受這些後果嗎？假如不願意，那麼性取向便並非無絕對答案那麼簡單了。性道德是存在的；人類的性行爲，不管是在多隱私的情況中進行，也是有是非對錯之分的。同性戀是否合乎道德，是一個可以討論的問題。"你同意這個評論嗎？爲什麼同意或不同意？

3. 贊成同性戀是一種可接受的生活方式的人，"常常強調以下3點事實：（1）具有這種傾向的人很多；（2）這種人什麼地方都有，只要有足夠大的人羣，就會有這種人的存在；（3）這種人社會各個階層、各種職業都有"（李銀河、王小波：《他們的世界：中國男同性戀羣落透視》，香港天地圖書公司，1992年，頁253）。假如上述的事實都是正確的，是否便因此表示我們應該肯定同性戀的價值？

4. 很多對同性戀持開放接受態度的異性戀者，常會被人詢問，假如有一天發現他的兒子是同性戀者他會怎麼處理。有一位醫生的回答是："我當然會很覺遺憾，因為他會屬於社會中不幸的少數。我會希望他不是真的同性戀者，會替他盡量找機會或可行方法去轉變回異性戀者。但如果確定他已不能改變而再試圖改變會使他更痛苦，我會接受他，容許他滿足他的同性戀需要，盡量幫助他不因這不利的傾向而發揮不到自己其他的能力和對社會的功用"（吳敏倫：《禁果與人生》，香港三聯書店，1991年，頁97）。你認為這位講者對同性戀持什麼態度？全心全意支持？或是態度曖昧？

生 與 死

12

人工生殖

12.1　代孕母與孩子利益

人類科技不斷推陳出新，連生殖科技也是日新月異，針對夫妻二人各種不育的原因，而發展出不同的人工受孕方法，如夫精人工授精、他精人工授精、體外受精（即所謂試管嬰兒）、卵子捐贈、胚胎捐贈、代孕母等。在這種種人工受孕方式中，最具爭論性的便是代孕母的問題。

夫妻二人需要僱用代孕母來生殖，是因為妻子基於種種原因（如有嚴重盤骨病、沒有子宮、數度流產、心臟或腎臟等器官虛弱不勝負荷等），不適宜親自懷孕，於是便要找另一位女性，用她的子宮來妊娠。在這種生殖方式中，通常是採用男委託人的精子，而卵子或來自女委託人（於是代孕母只是提供子宮），也或來自代孕母（於是代孕母既提供子宮，也提供卵子），透過人工授精或體外受精的方式來促使精子與卵子結合。代孕母在產下麟兒後，便要把孩子交給委託夫妻，放棄一切母親的權利。在絕大部分的情形中，代孕母都會從委託夫妻得到一筆酬勞。

很明顯的，代孕母的服務使一部分不能生育的夫妻可以有（至少一半）自己的親骨肉，這是比領養孤兒更吸引人之處。對中國人來說，此舉更可以使丈夫有血緣的後裔來傳宗接代，不致無後，似乎意義非凡。

只不過，從倫理學的角度來看，代孕母的生殖方式是有不少問題，不容忽視。

就透過這種方式而生下的孩子來說，代孕母的生殖方式是不符合他們的最高利益，因為他們變成被販賣的嬰兒，變成商品。

贊成代孕母的人會辯護說，這是不可能的，因為代孕母雖有收費，但這個生下來的嬰兒是交給他的生父。這個男人既已有父親的權利，怎可能需要把孩子買過來呢？再者，委託夫妻不是用金錢去換取一件物件，而只是對代孕母的妊娠服務作報酬而已。

這兩種辯護是難以成立的。1.從母親的角度來看，在代孕母也提供卵子並且收費的情形中，代孕母事實上是把自己遺傳上的親骨肉交給另一個女子，並且收取費用，這似乎仍是販賣自己的嬰兒。2.代孕母的責任並非只是妊娠而已，而且要把嬰兒交給別人，簽合約，轉讓所有母親的權利給女委託人。這雖然不是買賣現成的嬰孩，却是相當於訂購一個新的嬰孩，所以仍是販賣嬰孩。把孩子當作商品，是不符合孩子的最高利益。

12.2 嬰兒價值與婦女地位

用代孕母的方式來生兒育女，我們還必須考慮到，透過這種方式而誕生的嬰孩是否已淪爲一種工具。不育夫妻之所以不願領養孤兒，而要僱用代孕母，是希望有自己的血緣親骨肉。於是透過這種方式而生的嬰孩，是否已變成滿足夫妻需要親骨肉的慾望之工具？換言之，這個嬰孩之所以被視爲珍貴，並不是因爲他的本然價值，而是因爲他的工具價值——傳宗接代的工具。用哲學家康德的術語來說，這個嬰兒本身並不再是一個目的，而只是一個手段而已。

再者，萬一透過這種方式而生的嬰兒是有殘障，是否會被遺棄？委託夫妻是否會認爲"貨不對辦"而拒收或"退貨"？生母是否會認爲這孩子本是爲他人而生而拒絕撫養？一個殘障的嬰孩是否會因此而成爲"熱馬鈴薯"或人球？

此外，我們還必須考慮清楚，商業代孕母對婦女的地位會有什麼影響。

生殖一旦商業化，代孕母便成爲生仔機器，名副其實做生產工具、生仔一族；她們是新時代的職業女性。

或曰，這豈不是提高了女性的社會地位？因爲代孕母的制度替婦女製造新的就業機會，爲女性提供薪酬更優厚的職業，幫助她們經濟獨立！

筆者對這種講法不敢苟同；從倫理的立場來看，並不是所有的職業都是可以接受的。沒錯，代孕母是替女性製造新的就業機會；只不過，究竟這是一種什麼樣的職業？

作爲一種職業，代孕母或生仔一族是用女性最原始的生理結構來賺錢，用最原始的動物性機能來謀生。一個本是堂堂正正，頂天立地的女性，在做商業代孕母的時候，馬上化約爲一個器官。這種新的職業女性，不需要有高貴的人格，可取的個性，或思維活動；不需要有人的特性，而只需要行使動物本能，只需要機械式地用動物性的器官。從事這種行業的人，何人性尊嚴之有？何社會地位之有？

再者，生仔一族大概會由經濟拮据的女性出任。窮女人要出賣自己的生殖能力爲有錢女人服務，社會上不單貧富階級界限更加鮮明，而且女性也會截然二分成爲人類社會勞力生產和動物本能生產兩個階級。製造一個低下動物本能的生產機器階級，對於婦女的社會地位非但沒有提高，而只有貶低之作用。

12.3　生殖尊嚴與醫術尊嚴

用收費代孕母的方式來生殖，不單有損嬰孩利益，並且也貶低了生殖和醫術的尊嚴。

收費的代孕母，把生殖變成一種商業服務，一種消費品，一種貿易。生殖也成為一種職業（全職或兼職），社會除了多一羣新的職業或半職業婦女，也多了一族生殖經紀。生兒育女本是一個神聖的任務，現在却變成一種商業服務，**生育**兒女變成**製造**兒女，何尊嚴之有！

或曰，代孕母的安排，也是為人解決困難，增進別人天倫之樂，豈也不是神聖偉大？

這個問題其實很容易回答，一個女人既然為善不甘後人，要做送子觀音，何以要收取酬勞？捐血及捐腎等行動都很神聖偉大，因為這都是捐贈，而不是販賣。一旦我的血液及內臟都附有一個價格標籤，我的助人行動便失去道德高貴性。

為了因應消費者的不同消費慾望，商業服務通常都有不同程度之分（如請女傭有本地女傭及菲傭之分）。同理，當生殖商業化後，社會上也會出現不同程度的生殖服務。正如馬有良種馬和非良種馬之分，"生仔婆"也會有良種（善生肥白聰穎嬰孩）及非良種（所生嬰孩水準一般）之別，甲組及乙組之差；豐儉由人，任君選擇！

在一個自由市場中，生殖一旦商業化，生殖的尊嚴便會蕩然無存。

除了貶低生殖的尊嚴，代孕母的制度也貶低了醫術的尊嚴。

自古以來，醫術的天職是拯救人命，醫療疾病，消除肉身痛苦。現代醫術却有一個新的發展方向，是要**滿足人的慾望**。君可知，在美國進行次數最多的手術是整容手術（而女性隆胸手術又是其中較受歡迎的），這表示很多手術醫生已放下傳統的醫術天職，而致力滿足人愛美、愛吸引異性注意力、想靠色相而名利雙收的慾望。

同理，代孕母生殖方式的出現，並沒有醫好"病人"的不育症，而只是滿足了"顧客"要有親骨肉的慾望。當這種先例一開，醫生還有什麼理由拒絕"顧客"來訂造一個女(不要仔)，要有瓜子口面(而非國字口面)，捲頭髮（而不是直頭髮），有葉子楣的身材，葉詠詩的音樂天份，葉玉卿的口才和膽識，和葉蒨文的歌喉與語言天才！

當醫生放棄行醫濟世，減低人類痛苦的天職，而淪為爭取有錢人歡心，滿足有錢人慾望的工具，醫療工作之神聖性及尊嚴又何在？

12.4 生殖科技與家庭模式之轉變

透過代孕母來生殖所產生的倫理疑難，還包括了傳統家庭模式瓦解這個問題。

用代孕母來生殖，要牽涉夫妻以外的第三者進入生殖過程中（第三者的子宮，第三者的卵子）。在這一點上，和人工授精而精子來自一位捐售的第三者有共通之處。在傳統的家庭模式中，生兒育女是在夫妻關係中進行（不管是一夫一妻、一夫多妻、一妻多妾、一妻多夫，或多夫多妻），代孕母及他精人工授精，却是把生兒育女這個行動遷移至夫妻關係以外，牽涉到婚外第三者，或甚至第四者（除了用代孕母的卵子與子宮外，還用了另一個男子的精子），於是便產生了很多新的家庭模式：

1. **多母家庭**。傳統上母親是一個單一的角色，只有在災難發生後（於喪偶或離婚後再婚），才有生母與養母之分。代孕母的生育方式，却逼使我們對母親的角色作出 3 種概念上的區分——遺傳上的母親、孕育母親、撫養母親。而這 3 種母親可以由 3 個不同的女人去擔當——委託女士是要做撫養母親，代孕母是孕育母親，卵子又來自另一位女士，成為遺傳上的母親。萬一委託女士早死或與夫離婚，孩子的爸爸於再婚後便會替孩子添置第四個母親！

2. **親屬關係不清的家庭**。數年前在南非有一女士，因女兒出嫁後不育，便為女兒作代孕母生下麟兒。這孩子究竟是這位女士的兒子（因為是用她卵子和子宮生的）？還是她的孫子（因為這孩子的爸爸是她的女婿，她的女兒也要成為他的撫養母親）？

3.**同性雙親家庭**。男同性戀者可以僱用代孕母，女同性戀者可以用他精人工授精，使同性戀者也能生育。（但我們需要考慮清楚，在這種家中長大的孩子，在心智、性別身份和性愛取向方面會受到什麼影響？）

4.**單親家庭**。單身男士可透過代孕母做不婚爸爸，單身女士可透過人工授精做不婚媽媽，處女生子。

一旦生兒育女脫離夫妻關係而獨立，在夫妻婚姻關係外進行，上述新的家庭模式便會出現。這意味着人類幾千年來的家庭模式會經歷天翻地覆的轉變。一直以來，穩定的家庭制度是社會穩定的一個重要因素；我們必須謹慎思量，家庭模式激變後會帶來什麼樣的社會？

（離婚或喪偶也會帶來單親家庭，再婚也會帶來多母家庭，但這些都是後天的不幸，而非先天的設計，不可混為一談。）

問題討論：

1. 傳統中國人的生兒育女觀是要爲男家傳宗接代，延續
   香燈。(孩子的姓氏是要跟丈夫的,籍貫是要跟爸爸的,
   便是這種父系社會的證據。) 用他精人工授精術來生
   殖，太太所生下的孩子却不是丈夫的血緣後裔。對於
   觀念保守的中國人來說，這樣生下來的孩子會否被他
   人視爲"野種"？妻子接受另一個男人的精子，是否
   會與傳統女性的貞節觀產生衝突？丈夫對這個非自己
   親骨肉的孩子，會否感到生疏？

2. 中國古代的妻子倘若不孕,丈夫便會理直氣壯去納妾。
   因此有人認爲，在現代中國人社會，妻子倘若不孕，
   丈夫也可以僱用代孕母來傳宗接代。你同意這種論點
   嗎？納妾生子與僱用代孕母生子有何異同？

3. "作爲女權分子，郭佩蘭博士強調，女性應有選擇權。
   '不婚產子'正代表女性的覺醒，由自己控制身體，
   依自己意願懷孕。……反對者則恐怕這股潮流會使家
   庭制度崩潰，對人類社會構成旣深且遠的影響。郭博
   士指出，家庭制度根本一直在變。現在離婚率高漲、
   單親家庭的劇增，都表明家庭模式非一成不變的，不
   婚媽媽也只是其中一個現象吧了！……誰影響了誰，
   不是最重要的問題,更重要的是:究竟哪一種生活更適
   合女性？哪一種家庭模式更適合現代香港人？"(《明

報》，1991年3月18日，第二十五版。）對於上述接受不婚媽媽、處女產子的論點，你贊同嗎？爲什麼？

13

胎兒是人嗎？

13.1　墮胎的合法性與道德性

在香港，墮胎可以說是半合法化。根據香港法律，有些種類的墮胎是合法的，可是在這些類別以外的墮胎都是非法，是觸犯刑事法的。

假如兩名醫生一致認爲：1.如不進行墮胎，對那婦人的性命、身體及精神上的健康會造成較大的傷害；或 2.如不進行墮胎手術，較有可能產下身心不健全的嬰兒，懷孕婦人便可以合法地在醫院中墮胎。

很明顯的，上述第一個有關懷孕婦人身心健康的條件是相當含糊的，哪一種妊娠及生育才算對婦女身心健康有損呢？於是法律又再規定，如果女子懷孕時尚未滿16歲，或懷孕（無年齡限制）是因爲亂倫、強姦、迫姦、誘姦或迷姦而致的，若不容許她們墮胎，便會對她們身心健康損害較大；所以在這些特定情況中，墮胎也是合法的。

除了上述的 4 種情況外，所有的墮胎行動（自行墮胎、協助他人墮胎）都是非法的，屬犯罪行為。換言之，其他的墮胎原因，如16歲以上未婚而成孕、多產一胎會加重家庭經濟負擔、夫婦不願意為人父母（或因專注事業，或因未享受完二人世界生活）等，都不是在法律上正當的墮胎原因。和美國比較，香港的墮胎法律是要比美國現時的緊；難怪美國婦女母須到加拿大或墨西哥墮胎，而在香港的女子却不少要到深圳一遊，在當地醫院或診所進行人工流產。

數年前，法國科學家已發明了一種墮胎丸（Ru 486）；初期懷孕的婦女，只要服食 3 粒，毋須任何手術，即會自動流產，比動手術更安全，更方便。假如他日這種藥丸流入香港，懷孕女子便不需要惶恐焦慮地赴深圳打胎了。

現在很多香港人在考慮墮胎與否時，主要是考慮手術是否安全，而很少會去理會它是否合法，更加鮮會想一想墮胎是否道德的。可是，我們畢竟要坦白承認，墮胎也是一個道德問題，因為墮胎與否牽涉到胎兒的生死，和孕婦的身心健康與自決權利。對於墮胎問題，我們不可能不下價值判斷。在這個環保的年代，連保護大自然也是一個重要價值，難道我們不需要也想一想，保護人的胎兒也是一個重要價值？

最近20多年來，西方道德哲學界對墮胎問題討論甚多；在本章及第十四章中，我們會對這些討論略作簡介。

13.2　受精卵已是一個人？

討論墮胎的道德是非對錯，讓我們先把範圍收窄，暫時先討論較一般性的墮胎（男女因爲某些考慮，在意願上不想作父母而去墮胎），而暫不討論一些較少發生的墮胎（繼續懷孕會導致孕婦死亡，因爲強姦或亂倫而成孕等）。

要決定墮胎是否合乎道德，其中一個很重要的考慮因素，就是究竟胎兒（及甚至胚胎和受精卵）是人嗎？他們是否享有一般人的權利？生命不可無辜被剝奪？

見解比較保守的人認爲，一個胎兒已是一個人，他們甚至會認爲當卵子在母體中受精後，已是一個不折不扣的人。他們的論證是，一個人的演變與成長要經過以下的階段——受精卵、結合體、胚胎、胎兒、嬰孩、小孩、少年、青年、成年……。

成年人是人，絕無人有異議；青年雖稍有別於成年人，但二者相似之處甚多，故青年亦是人。少年雖稍有別於青年，但二者相似之處仍甚多，故少年也是人……。初生嬰孩是人，即將出生（孕期第九個月）的胎兒雖稍有別於初生嬰孩，但二者相似之處仍甚多，所以孕期第九個月的胎兒也是人。孕期第八個月的胎兒，雖稍有別於孕期第九個月的胎兒，但畢竟二者相似之處仍甚多，是故，孕期第八個月的胎兒也是人……。

依此類推，則既然從受精卵到嬰孩，以至到成年人的發展是**綿延不斷，循步漸進**的，而各階段之間儘管在**生理**上稍微有別，但這些小差別却是於**道德**上不相干的。換言之，沒有什麼正當理由可以支持我們說，剝奪某一階段的無辜生命是殺人，而剝奪其緊密相接的前一階段的無辜生命却不是殺人。因此，不只成年人是人，青年是人……嬰孩是人，胎兒是人，胚胎也是人，受精卵也是人，都享有同樣的生命權。所以，在懷孕期間任何一個階段中墮胎，都是謀殺，是侵犯人權，是不道德的。

這種推理乍看相當有力，但其實是有謬誤的。在哲學中，我們稱這種推理為"滑斜坡論證"（Slippery Slope Argument）；換言之，只要你踏上第一步，便會直滑到底而不能停。

無可否認，在人的成長過程中，自受精卵至成年人各接續階段之間，的確並沒有道德上相干的差別，使我們有正當理由說某一階段是人，享有生命權，而與其緊密相接的前一階段却是"非人"，不享有生命權。可是，我們也得承認，一個成年人、青年、少年等，與一個受精卵，無論外在形狀、內在構造，都有極端顯著的差異。

假如一個生命的發展要經歷一百個階段，儘管第一階段與第二階段之間無顯著差別，第五十階段與第五十一階段之間也無顯著差別，第九十九與第一百階段之間也是無顯著差別（總言之，在整個過程中，階段與階段之間都無顯著差別）；可是，這絕不表示第一階段與第一百階段之間並無顯著差別！

雖然一個成年人是從一個受精卵綿延不斷，循序漸進地發展而來，可是，假如我們便因此斷言受精卵就是人，便相當於斷言蓮子就是蓮花、毛蟲就是蝴蝶、吃滷水蛋（已經受精的蛋）就是吃滷水雞、芙蓉炒蛋就是芙蓉炒雞！"滑斜坡論證"的謬誤，是顯而易見的。

一個人的生命雖**肇始**於受精卵，可是一個受精卵却並非一個**不折不扣**的人。

13.3 未出生的胎兒都不是人?

一個受精卵不能算是一個不折不扣的人。同樣地，我們也可以有把握地說，一個結合體、一個胚胎（懷孕兩周後）也非一個不折不扣的人。可是一個胎兒（從懷孕第八周至分娩前）又是否一個不折不扣的人呢（特別是在分娩前的兩三個月間）?

贊成一般性墮胎的人，通常是以分娩作為非人與人的劃分界綫。換言之，一旦嬰兒呱呱落地，他便是一個不折不扣的人，享有各種人權；所有尚在母腹中的胎兒，就算是在懷孕第三十九周時，也不能算是不折不扣的人。因此，任何墮胎都並非殺人。

選擇嬰孩出生作爲人生命的起點，表面上看來也很自然。我們算年齡都是從一個人出生那天算起，這豈非表示人的生命是始於出生，而非始於出生前嗎？正如《韓非子·解老篇》中說："人始於生而卒於死。始之謂出，卒之謂入，故曰：'出生入死。'"

再者，儘管自受精卵發展至成年人的各接續階段間，大致上並沒有什麼巨大的差異；但嬰孩誕生時，却有極明顯的轉變。誕生前，住在母胎中，各種養料全賴母體供給；誕生後，從此脫離母親子宮，至少在身體方面不再結連於母體。因此，未出生的胎兒皆不是不折不扣的人，墮胎在道德上並無不妥之處。

這些論據雖然也不乏說服力，但也有嚴重漏洞。嬰孩誕生前後的區別，主要屬於**位置**和**生理活動**方面。出生前，胎兒處於母腹中；出生後，遷居到塵世間來。但這位置上的不同在道德上却是不相干的，沒有人應該因爲遷居而在人權上有所增減。其次，出生後，嬰孩開始自己呼吸、吮乳；將要出生的胎兒，雖然沒有這些行動，但已具備了這些行動的能力，只要一離母體，來到世間，便能馬上行使這些能力。是故，只要具備了獨立自己呼吸、吮乳的能力，不論已開始行使這些能力與否，在道德上都是不相干的。假如有一胎兒尚差一星期便要誕生，難道我們光只因他的位置是在母腹（儘管一星期後他就會離開子宮進入塵世），且尚未開始運用呼吸、吮食等器官（儘管一星期後他就會開始運用），我們便說他不是人，可隨便取去他的生命？

再者，假如我們以誕生作為非人與人的分界綫，我們便必須接受下述悖理的情形──一個於孕期第28周便從母腹中取出，放在嬰兒暖箱的早產胎兒是人，我們不可奪去其生命；而一個留在母腹中39星期尚未出生的胎兒，儘管孕期更久，生理上更成熟，自立能力不見得比前者低，但却因位置和生理活動上的差別，因此被判定為非人，生命可容剝奪！

13.4 "腹中肉"何時成人？

為了要維護墮胎的絕對權利，有些人便主張所有未出生的胎兒都不是人，沒有一般人所享有的生命權，所以任何墮胎都不是殺人。一個懷孕7個月的女子，因為抽獎抽到來回歐洲免費機票及免費酒店住宿，便決定墮胎要和丈夫到歐洲旅行，這樣的墮胎也並無不妥，反正腹中肉還不是人。

可是，正如13.3節所分析，以出生作為人與非人的分界綫，是相當隨便任意，缺乏足夠的道德理由，因為

一個嬰兒在出生前與出生後的分別，似乎在道德上都是

不相干的。

再者，以出生作為人與非人的分界綫，對某些胎兒來說可以算是**不公平**的。在墮胎大部分合法化的美國，便常有以下這種怪異的情形出現。一些小兒科醫生用盡一切辦法，去維持一些早產不成熟胎兒的生命；而在同一所醫院中，一些婦產科醫生却正在盡力去奪取一些比前者來得成熟的胎兒生命！同是胎兒，一個提早溜到世上來，雖是身體極度虛弱，也被當作是人；而另一個却乖乖臥在子宫中，等待瓜熟蒂落，他雖然在生理上比前者更成熟，却被視為非人。對他們既非一視同仁，便是有欠公平。

為了要彌補上述的漏洞，有些贊成墮胎的人便修改立場，把人與非人的分界綫推前，改為主張只要胎兒於**移出子宫後，能夠養活**（viable），便即是人。所以，大致而言，孕期不足28周的胎兒皆不是人，墮這種胎在道德上並無不妥。孕期28周後的胎兒才是人生命的正式開始，因為這些胎兒已擁有自立能力，不再是一個女子體內的依附體；從這個時候開始，墮胎便是殺嬰行為，為道德所不容。從這個時候開始，為了要享受免費歐洲旅行而墮胎是不對的；在這個時候之前，却任隨君便，墮胎權利仍是絕對的。

可是這種立論却忽略了，胎兒在那個階段移出母體尚可存活，是完全視乎醫學技術的進展。目前的醫學技術可使孕期大約滿28周的正常胎兒，靠着人工輔助（嬰兒暖箱、氧氣箱等）活於母體之外；可是現代科技發展神速，我們焉知未來醫療技術的發展，不會使胎兒更早即可在母體外存活？理論上，我們不能斷然否定人工子宮的可能；在將來，胎兒可能自受精卵的階段開始，便能活於母體之外！

因此，以胎兒移出子宮後是否能養活作為人與非人的劃分綫，是不可靠的。事實上，對於很多科學家及哲學家來說，在整個懷孕過程當中，"腹中肉"何時由"物"搖身一變成"人"，仍是一個莫測高深的奧秘！

14

墮胎與社會

14.1　潛在的人

　　要對墮胎作出一個正確的道德評價，必須要對懷孕女人腹中生命的道德地位作出正確的判斷。

　　一個受精卵並不能算是一個不折不扣的人，而一個孕期達39周而尚未出生的胎兒却絕不能當作是"非人"。究竟從受精卵發展至胎兒脫胎出生這個過程中，在哪一剎那一個不折不扣的人的生命才開始呢？這實在是一個很棘手的問題，因為從受精卵至結合體、胚胎、胎兒、嬰孩這個發展過程是循步漸進，緊密相連的；我們很難找到一個道德上不任意隨便的明顯分割點，來指出人的生命就是從那一剎那開始，而在那一刻之前該生命則只是一個"非人"的生命。

　　儘管我們不能肯定的說一個不折不扣的人的生命正

式開始於什麼時候，但我們却可以有把握地說，人的生命是**肇源**於受精卵。理由很簡單，因為嬰孩是從胎兒發展而來，而胎兒又是相繼從胚胎、結合體和受精卵發展而來的，是故一個人的生命必須溯源至受精卵。

也許有人會問，假如是如此，為何不把人的生命再進一步溯源至精子及卵細胞？我們有什麼充分的根據，只把人的生命追溯至卵子受精後便停止？

上述論點的根據是，只有在卵子受精成為一個新的細胞後，一個**獨特的人的生命時空因果連鎖發展**才開始，只有精子，或只有卵子，一個獨特的人的生命時空因果連鎖發展是無從開始的。當一個卵子受精成為一個新的細胞後，這個新細胞便有一個獨特的遺傳基因結構或密碼（在這細胞核內有46條染色體，分別從父母雙方承繼各一半），這密碼決定了這個生命將來的許多特徵，如性別、身高、頭髮、眼睛及皮膚的顏色、個性、智力等。因此，只有在受精卵中才具有人類生命的充分潛能，這是精子本身或卵子本身所不具備的。假如有人要堅持光是精子或卵子本身便已具有這充分潛能的話，是相當於堅持不只氯化鈉（NaCl）是鹽，氯本身及鈉本身也就是鹽！這個謬誤是不言而喻的。

受精卵、結合體、胚胎及早期的胎兒都不是不折不扣的人，但却是潛在的人。正是萬事俱備，只欠東風；一個潛在的人，已具備成為實在的人的充分潛能，只需

要處於一個有利的外在環境之中（子宮的孕育），便會
發展爲實在的人。

14.2　潛在的人之價值

受精卵、結合體、胚胎及早期的胎兒皆非實在的人，
却是潛在的人，除了14.1節所陳述的主要理由外，還可
以參照一個胎兒正常發展的特徵。

在懷孕三至四周時，胚胎的心臟已能泵血；在第六
周時，器官已開始呈現；到第八周，胎兒已有腦電活動，
手指和腳趾也可辨認；在九至十周中，胎兒開始有吞咽、
瞇眼、縮舌等局部反射自發運動；在第十一周中，會吮
吸大拇指，腦結構已完善；到第十二周，通過母親可取得
胎兒心電圖；從第十六周起，可聽到胎兒心臟跳動……。

從上述簡略的介紹可以得到一個旁證，儘管一個受
精卵、結合體、胚胎及胎兒都不是一個實在的人，但他
們皆具有成爲你和我一樣的人的潛能。人的生命肇源於
此。換言之，他們是潛在的人，而不是"非人"那麼簡單。

潛在的人畢竟只是具有成爲實在的人的充分潛能，
所以他們的**道德地位**不應與實在的人的道德地位等同；
可是，他們的道德地位却也應遠遠高於人的內臟、器官、
細胞組織的道德地位。也高於鷄、犬等禽獸的道德地位。
換言之，一個潛在的人的道德地位應該是相當接近於一

個實在的人的道德地位。

因此，剝奪一個無辜受精卵、結合體、胚胎及早期胎兒的生命，雖不是等同於剝奪一個無辜人的生命，但也絕不只是把一個女人的某一內臟、器官或細胞組織切除那麼簡單而已，而乃是剝奪了一個無辜潛在的人的生命。社會的一般道德規範都禁止我們隨意剝奪無辜人的生命；是故，我們也不可隨意剝奪無辜潛在的人的生命。換言之，除非因為特殊情況（如懷孕女子生命受威脅、因姦成孕、亂倫等），我們是不應隨意墮胎的。

假設某一天，因為某種原因（如面臨絕種威脅），我們認為要保護雞的生命，不可隨意殺戮，那麼我們不單不可以隨意把雞宰來弄炸子雞、宮保雞丁，也要少吃滷水蛋、荷包蛋！因為我們既要珍惜雞的生命，也當珍惜潛在的雞的生命，而已受精的雞蛋正是潛在的雞。沒錯，一個候任的總統並不就是總統，不能擁有總統的權力；可是假如總統對於國家是很重要的，一個等候正式上任成為總統的人，也是對國家很重要的。

人命是珍貴的，潛在人的生命也是珍貴的，要墮胎，必須三思。

14.3　墮胎與色情

　墮胎是剝奪了一個潛在的人的生命，從道德的角度來看，是難以首肯的。可是，為什麼女孩子會有需要去墮胎呢？是因為她們"意外"或"不小心"懷孕了，不想當媽媽，便只好用墮胎來解決問題。

帶着焦慮的心情到深圳"人工流產"的女士，其中不少是年輕的未婚女子，她們羞於作未婚媽媽，便只好秘密到深圳一遊。

可是，社會上為何會有未婚媽媽呢？

未婚女孩之所以會懷孕，當然是因為婚前發生性關係的緣故。尚在拍拖，便想先食禁果，十居其九，是男孩子主動要求，是因為他們不能控制自己的性慾，堅持要與她性交。"親愛的，假如你是愛我的話，便不要有所保留，讓我們互相獻身，來表達我們的愛！"

有一位女同學，在另一位女同學陪同下，向筆者尋求輔導："我的男朋友多次提出要我陪他上床。他說他常有性衝動，很想要性交，假如我堅持拒絕，他說他會忍受不住，要去找娼妓來解決。我真是進退兩難。"

為什麼這位女學生的男朋友會慾火攻心，不能自制呢？當然，一方面有生理的原因；男性天生下來是比女性容易起性衝動，一些視覺和聽覺的刺激，都會使男孩子血液沸騰，產生性衝動。可是，在另一方面，香港社會的環境也要負一部分的責任。

香港社會到處充滿着性誘惑。電視、報紙、雜誌中的廣告常以性為題材，繪影繪聲，令男士想入非非。以挑逗男性性慾爲目標的三級片遍佈全港，宣傳海報在大街道的最當眼處隨處可見。鼓勵性濫交的色情電影與錄影帶在全港無孔不入；每一次站在報紙雜誌攤前，便有大約10份雜誌的封面女郎各出奇謀去刺激男士的性慾。

40歲以上的男士，也許還有足夠的定力來應付這些"性騷擾"。可是17、18歲的男孩，正值血氣方剛之年，性慾旺盛，便難以抵抗這四面來攻的性挑逗。於是每次與女朋友在一起，略有肌膚接觸，或只要看見她女性的身段，便血液沸騰，性慾衝動而不能自制，用甜言蜜語去游說或甚至強迫女朋友上床。結果呢？不久之後便要到深圳"人工流產"。（順帶一提，色情電影從來都不會讓觀衆知道，性交後可以帶來"大肚"這後遺症。色情電影的用意就是要挑起觀衆的性慾，又怎會提及"意外懷孕"，向觀衆的性慾"潑冷水"！）

墮胎是一個嚴重的道德問題，女性要墮胎，男性要負很大的責任，社會也要負很大的責任。

14.4 女人墮胎，男人有責

要減少墮胎，很明顯的一個策略，便是要防止"不想有的懷孕"的發生。不想懷孕，最簡單的辦法便是不要有性關係；其次，用現代的術語來說，便是要有"安全的性關係"（safe sex）。

香港的某些性教育課程,除了教導男女的性生理外,主要便是教懂這些中學生如何可以有一個"安全的性關係";換言之,是教懂他們如何避孕。

理論上,只要男女都致力避孕,墮胎的需要便幾乎等於零。可是在實踐上,情形却並非如此順暢。首先,現在人類還沒有發明出一種百分百可靠的人工避孕技術。已婚男女,假如避孕失敗,很多都會順其自然,把孩子生下來。可是未婚男女,假如女子尚未讀完大學,或甚至未讀完中學,如避孕失敗,但又不想放棄學業提早結婚,便只好還是到深圳走一趟。再者,在現時的各種人工避孕方式中,口服避孕丸比較上算是最可靠的了。可是避孕丸並非像止痛藥一樣,有需要才服食的,而是要長期每天服食。於是,假如女子不想意外懷孕,難道便要從拍拖的一天起,每天進食避孕丸,以備不時之需?這要求似乎太過分。(所謂"事後丸",並不是避孕丸,而是滅孕丸,多吃對身體健康有損。)

另一個較常用的避孕法,便是男士戴用避孕套,旣可避孕(雖然可靠性不及避孕丸),又可避免染上愛滋病,一舉兩得。只不過,是不是每一個男士都願意戴避孕套呢?有些男人是不肯的。就算他願意,他是否隨身都有携帶,以致每次即興要與女友性交時都做好預防措施?男人在這方面又並不是十分可靠的;於是女子爲求自保,不想意外懷孕,便只好每次與男友出街都帶備避孕套。可是，根據一些女士的自白，這又會帶來另一種不良後果。女子隨身帶備避孕套，可能會被男友誤會爲性交隨便的淫婦，隨時隨地作好準備與男人性交；被男朋友所唾棄！所以，一個與男朋友發生性關係的女子便左右兩難——要做足準備，防止意外懷孕，會被男友視爲蕩婦；要保持淑女的矜持，不作任何避孕的防範，又可能因爲男友性慾衝昏頭腦，強要與她交合，而帶來懷孕及墮胎的可能性。

未婚少女，如不想帶着惶恐焦慮的心情到深圳墮胎，上上策還是不要與男朋友發生性關係。可惜的是，在一個"男人話事"的兩性關係中，很多女子都是身不由己。

問題討論：

1. 有些人視墮胎爲“事後避孕”，也有些人視之爲“產前殺嬰”？你覺得這些說法合理嗎？爲什麼？

2. 根據香港政府的統計數字，於1990年在各公立及私立醫院中，共進行了21,114宗合法墮胎手術。（在這 2 萬多宗的墮胎手術中，不少其實是不符合香港的墮胎法律要求，而是醫生濫用職權，替孕婦簽名，這種情形在某些私立醫院尤其嚴重。）此外，還有大量非法墮胎，假借清刮子宮手術之名而進行。（在懷孕期間，將子宮壁的胎盤清洗，不是墮胎又是什麼？）有醫生統計，這類變相墮胎手術的數字與合法墮胎數字差不多。再加上到深圳墮胎的個案可能高達 4 萬宗，所以在1990年香港人大概進行了 8 萬宗墮胎手術。至於嬰兒出生人數，於1990年只是 67,911 人，7 萬人都不到。這現象背後又反映了些什麼？香港人爲何有那麼龐大墮胎的“需要”？醫生假借名目，爲“病人”變相墮胎，有沒有違反醫療人員的職業道德？（資料主要來源:《南華早報》，1992年 3 月31日。）

15

刑罰理論與死刑

15.1　報應說與死刑

　　死刑是法律刑罰的一種，所以在討論死刑這個問題時，不宜把它孤立來處理，而也要對刑罰作全盤的道德反省。在西方思想史上，有三大刑罰學說是備受倫理學者和法律哲學學者討論的——報應說、阻嚇說、和改造說。現在我們先介紹報應說（retribution）。

　　這派學說認為刑罰就是懲罰，是**對犯罪者合宜相稱的回應**（a fitting response）。因為：

　　1. 好事**"值得"**（deserve）我們讚賞，壞事**"值得"**我們責罰，是一個不言而喻的真理。正如一個舞台上好的表演值得我們熱烈鼓掌，一個好的侍應服務值得我們打賞，一個好的考試答案值得拿高分，一件捨己為人的好事值得我們讚揚一樣，一件壞事值得我們去斥責，一件損人利己的事值得我們去懲罰。所謂罪有"應得"，就是這個意思。

再者，一個行為之值得我們賞或罰，也是有不同程度的。小罪值得輕罰，大罪值得重罰。所謂以牙還牙，以眼還眼，欠債還錢，殺人償命，就是這個意思。有些罪行是極端嚴重，是滔天大罪，不可與其他罪行等量而齊觀，所以對這些極可憎惡的罪行之道德上合宜相稱的唯一回應，便是死刑。這些罪犯是值得死的，是該死的，甚至是罪該萬死的。血債血償，他們是"抵死"（deserve death）的。

2. 從**社會公道**和**分配公正**的角度來看，社會中任何一分子都享有同樣的權利（如人身安全權，私有財產權），但也有同樣的義務，去尊重別人的權利。倘若有些人不肯遵守遊戲規則，要走捷徑，做出一些損人（財產、名聲、生命等）利己的事，只享受權利，而不遵守義務，我們若縱容他，不單對受害者不公道，對所有奉公守法的人也是不公道。對罪犯我們要懲罰，是因為我們要強迫他付出一些代價，這樣才能維持社會公道。

再者，罰與罪要成正比；罪大罰重，罪小罰輕，這樣對犯小罪者才公道。因此，贊成這種學說的人認為，有些罪案（如謀殺、叛國）的嚴重性是遠遠超出其他罪案，非回報以死刑，不足以維持社會上和法律上的公道。

報應說這個刑罰理論在古今中外的思想中都屢見不

鮮，我們將在下一節對此學說作進一步的分析及評論。

15.2 報應說不一定要求死刑

報應說這個刑罰理論認爲罰是對罪的報應，所以不同的罪便要有不同的罰；以牙還牙，以眼還眼，以命還命。死刑便因此可以成立。

可是嚴格說來，這項原則是有困難的，因爲1.有些時候這原則是不可能執行的。例如男人可以强姦女人，女人却難以强姦男人（以强姦還强姦）；成年人與未成年少年發生性關係是犯法的，未成年少年也不可能以牙還牙；這都是因爲雙方的特徵是不對稱的。2.有些時候，要執行這項原則是異常殘酷的。張三砍斷了李四的手，難道李四也要報以張三相同的刑罰？張三殺了李四全家人，難道我們要把張三一家大小送上斷頭台？

主張報應說的人會回答說，這項批評是不公允的，因爲這個批評只是拘泥於"以牙還牙，以眼還眼"的條文，而忽略了條文背後的精神。"以牙還牙，以眼還眼"這個原則並不是要求罰與罪**相同**（identical），而只是要求罰與罪**相等**（proportional），要求罰的嚴屬性要與罪的嚴重性成正比而已（所以不能以終身監禁報應偷竊，却以罰款二千元來報應持械行劫）。

可是假如報應說只是堅持"罰與罪相等"，而非"罰與罪相同"，那麼死刑便不一定可以成立。"罰與罪相等"
既然只是堅持罪大罰重，罪小罰輕，便只是一個形式的
原則（formal principle），而不會直接包含一定要用死
刑來懲罰某些罪犯這個內容。"罰與罪相等"只是要求我
們用現有刑法中最嚴峻的刑罰來懲治最嚴重的罪行，這
是一個空無內容的抽象原則，本身既沒有指出最嚴峻的
刑罰該是什麼，也沒有規定最嚴重的罪行包括什麼這些
具體內容。換言之，假如我們的刑法以終身監禁為最嚴
峻的懲罰，用來懲治謀殺罪，而只是以有期徒刑來懲治
誤殺及其他不涉及人命的罪行，也是與"罰與罪相等"
這個原則一致的。

在某些歷史文化中，人認為死刑是最嚴峻的刑罰，
因為生命是一切幸福之本，失去生命，便失去一切。在
另一些歷史文化中，人也可以認為人生命的神聖性值得
我們尊重，是法律也不能置之度外的，因此最重的刑罰
只可以是終身監禁。這兩種看法誰是誰非，是一個可以
討論的問題（我們會在第十六章中論及）。同樣地，有
些國家只把叛國與謀殺列為最嚴重的罪行，但有些國
家也把販毒（如新加坡）、妻子有婚外情（中國古代）等行
為列為最嚴重罪行，一律判死刑。究竟販毒及姦淫與叛
國及謀殺是否同樣嚴重的罪行，言人人殊，也是一個可
以討論的問題。只不過，這些問題已超出了報應說中"罰
與罪相等"這個原則的範圍。

換言之，除非我們堅持"罰與罪相同"（但此說又帶來一些難以克服的道德困難），否則，我們無法邏輯地從報應說中導引出應該設立執行死刑這個結論。

15.3 阻嚇說與死刑

任何一個刑罰理論，都嘗試對以下 3 個道德問題提出令人滿意的答案：1.為何要有刑罰？為何不對罪犯加以嚴重警戒便寬恕了事？2.誰應受到刑罰？所有犯罪者（罪是罰的充分條件）？沒犯罪的人絕不可受罰（罪是罰的必然條件）？3.應罰得多重？刑罰輕重不一，施行的標準何在？

在15.1及15.2節中介紹及評論過"報應說"，現在要介紹另一重要理論——"阻嚇說"（deterrence）。

阻嚇說認為我們若只是警戒寬恕罪犯便了事，不加刑罰，只會引起其他人爭相效尤，視法律為無物，社會罪案直線上升。所以刑罰的主要目的，是阻嚇其他可能犯罪的人，用嚴刑峻罰來威嚇他們，使他們聞之喪膽，覺得犯罪代價太高，風險太大，而失去犯罪的動機，打消犯罪的念頭。換言之，刑罰本身並不是**目的**，而只是個**手段**；真正的目的是威嚇其他人不要犯罪。因此，刑罰的正當性是完全視乎它是否能帶來一個好的後果（罪案減少）；刑罰本身，沒有是非對錯可言。

所謂"治亂世，用重典"，便是這個意思。假如社會治安每況愈下，壞人犯罪越來越囂張，欲要力挽狂瀾，撥亂反正，便一定要施行嚴刑峻罰，殺一儆百，使其他有犯罪慾望的人都膽破心寒，不敢效尤。假如治安真是極差的話，便要出動"皇牌"——死刑。

根據阻嚇說的思路，為了要減少罪案這個目的，在必要時也要不擇手段。假如社會中每天都有數宗持械行劫案，警匪火併，無日無之，踏入金舖或銀行隨時都可能陷於槍林彈雨之中，那麼雖然在劫案中被槍殺的人少之又少，但為了要遏止這個械劫浪潮，政府便有必要修改法律，把械劫罪（不管在械劫時有沒有人傷亡）也列為可以判死刑的罪；一於大開殺戒，直到械劫浪潮退去為止。

同理，任何"蒸蒸日上"的罪案，如用盡所有刑罰都無法制止，都可以出動死刑這個殺手鐧，以收阻嚇罪案發生之功。

因此，對於文初所提出的3個問題，阻嚇說的答案如下：1.刑罰的目的是去阻嚇所有可能犯罪的人，威嚇他們不敢去犯罪。2.罪既不是罰的充分條件，也非必要條件。有罪而罰，却絲毫起不了阻嚇作用，罰了等於沒罰，白費工夫，大可不罰；沒罪却受罰，如能收阻嚇罪案發生之效，值得一罰。3.罰的輕重與罪的大小沒有必然關係；頻頻發生的罪案，雖非極嚴重，但為了遏止其聲勢，也可以重罰。同樣地，極少發生的罪案，罪行雖嚴重，倒也不必重罰。

15.4　阻嚇說公平嗎？

很明顯的，阻嚇說是屬於倫理學中的"後果主義"（Consequentialism，或稱"目的論"，Teleological Theory）——一個行動（刑罰）的對與錯完全以該行動後果的好與壞（罪案減少或增加）為決定標準。正如其他形式的後果主義一樣，阻嚇說要面對一個很重要的道德批判，就是忽略了公平原則。

根據報應說，只有當一個人有罪的時候才會受刑罰（換言之，罪是罰的必然條件），而且罰的輕重要與罪的大小成正比。可是根據阻嚇說，刑罰的目的只是為了減少罪案，於是任何可以減少罪案的刑罰都是正當的刑罰。就算受罰者是完全無辜，但找了他來作代罪羔羊，能收殺一儆百之功，也是一個正當的刑罰；公平與否，是一個次要的問題。

譬如說，政府雖有用死刑來阻嚇械劫案的決心，但如果破案率甚低，大部分匪徒仍能逍遙法外，極少人被判死刑，還是不能收阻嚇之功。可是警方若與法庭"合作"，到越南船民中心抓去10多人，偽造證據，陷害他

156 們是械劫匪徒，使他們做替死鬼，當眾槍斃，其他想效

尤的匪徒才會聞之喪膽，不敢隨便犯案（船民中心中申請自願遣返的人數也一定會急劇上升，一石二鳥）。可是這樣做公平嗎？

又譬如說，阻嚇說也可以帶來以下這個後果——一些常發生但本身不太嚴重的罪案（如亂拋垃圾、違例泊車等）會罰得很重，而一些少發生但性質嚴重的罪行（如販賣人口、亂倫等）却相對地罰得很輕。可是這是否公平呢？

打一個比喻，地下鐵路公司為了要勸阻乘客不在繁忙時間坐地車，香港政府也想勸阻駕車人士少用舊海底隧道，而多用東區海底隧道，於是便把繁忙時間的地車票價增加為非繁忙時間票價的10倍，把舊海底隧道的收費提高至東區海底隧道的20倍，這樣肯定能收到勸阻之功。可是，只求勸阻效果，不擇手段，是公平的嗎？

以上所舉的例子，讀者或會覺得極端一點，贊成阻嚇說的學者，也不見得真會主張找無辜的人來做替死鬼。只不過，我們不可以否認的是，以上的例子都是阻嚇說的邏輯結論；贊成阻嚇說的學者，若要立場一致，首尾一貫，便無法排除這些結論。澳洲哲學家司馬慈（J.J. C.Smart）在《功利主義：贊成與反對》一書中，便坦白承認阻嚇說可以帶來枉殺無辜這邏輯結論，而且他也默認這是有違公平的，所以他只能這樣回應："但願我們不需要採取這些極端手段！"可是這種一廂情願的回應，是缺乏理性的說服力的。

15.5　死刑的阻嚇力量

　　刑罰理論中的阻嚇說假定了嚴刑峻罰是一個有效減少罪案的工具，可是**事實上**又是否如此呢？就以械劫案來說，除了動用死刑外，是否沒有其他更好的辦法（如加強防劫設施，提高破案率等）來減少械劫案呢？死刑本身又是否一個能收阻嚇作用的有效工具？

　　不少學者認為，死刑的阻嚇作用雖然是有，但相當有限，因為：1.以殺人案來說，不少案件是在當事人一時衝動，怒氣壓倒理智的情況下發生的。殺人者當時沒有機會冷靜下來計算一下，這個行動是否會代價過高，於是死刑之有無，對他們完全沒有分別。

　　2.對於有預謀的殺人案，在西方式的法律制度中，也難收阻嚇之效用。西方式法律制度講究正當法律訴訟程序，無罪推定（presumption of innocence），寧縱莫枉，而這種辦事方式往往與強大的阻嚇作用不能共存。這是因為如要按照正當法律訴訟程序來審判的話，因為人命關天，要聆訊得格外仔細和徹底。死刑和其他刑罰不同，是絕對不能挽回的，所以更要堅持寧縱莫枉的原則，審訊也會特別吹毛求疵一點，不能出錯，而且也要提供充分的上訴機會。於是乎，等到死刑是最後的宣判，再無任何上訴的機會時，已是與謀殺案相去經年，社會中人已對那件案件印象模糊；這時才執行死刑，已難收阻嚇之效；在這數年之間，不知多少謀殺案又已相繼發生了。在美國很多恢復死刑的州中，情形便是如此。

要使死刑收取阻嚇之功，必須快刀斬亂麻，不單警方要破案神速（坦白說，香港警方在這方面的表現實在不敢恭維），法庭也要宣判從速。可是法庭若要宣判從速，大抵便要犧牲西方式法律的辦事方式。

3. 基於"治亂世，用重典"的原則，頻頻發生的嚴重罪案（如械劫），就算沒有殺人，可能也要動用死刑來阻嚇。可是這種做法很可能會弄巧反拙，帶來更多謀殺案。這是因為在械劫時，劫匪若不把見證人（金舖職員，店內的顧客，被挾持的人質，被騎劫的的士司機）都殺掉，只會增加他日後落網的機會。相反的，劫匪若把所有見證人殺掉，反而會減低他日後被捕及判死刑的機會。殺人與不殺人刑罰如一，都是死刑，殺人却能減低他判刑的機會，那麼任何一個有預謀的械劫匪都會一不做，二不休，先劫物，後殺人滅口。

設立死刑，本想減少械劫案，却帶來謀殺案的增加，這又何苦來哉！

15.6　改造說與死刑

在西方刑罰思想史上，除了報應說和阻嚇說外，另一個有影響力的刑罰理論便是改造說（rehabilitation）。

改造說認為刑罰的作用是要懲教和感化罪犯，而非懲罰、報復、或阻嚇。我們要透過各種管教方式，使犯人改過自新，不再成為社會敗類，重新做人。

很多國家的刑法中都有緩刑和假釋制。前者是暫緩執行刑罰，給予罪犯一段考驗期，如在這段時間中不再犯罪，原來宣告的刑罰便失去效力。至於假釋，是囚犯服刑期未滿，但因為在獄中行為良好，故暫予釋放；如在考驗期中不再犯罪，刑罪便算執行完畢。這兩種條款都是對犯人用刑從寬，以鼓勵他們改過自身，離惡遷善。

改造說的支持者認為，監獄並非只是把犯人禁錮隔離的地方。假如監獄所做的純粹是把犯人禁錮，把他與社會隔離，使他在這段時間對社會不構成威脅，那麼當犯人刑滿出獄時，還不是一樣會繼續犯案，遺禍社會？尤有甚者，長期的禁錮可能使犯人的反社會心態更為強烈，在龍蛇混雜的獄中也會沾染上其他惡習，被踢入黑社會，學會更多作奸犯科的伎倆，這樣對他和對社會都是更大的不幸。因此，主張改造說的人都很積極推動監獄生活改善運動。

所以根據改造說，我們對一個罪犯要刑罰多重，不能預先定死了，而要有彈性。就算是一個重案罪犯，如能在獄中洗心革面，表現良好，也應及早釋放，讓他重享自由，也讓社會及早多一分健康的生產力。因此，改造說堅決反對死刑；把犯人處死，便是剝奪了他悔過自新，離惡遷善，從新做人的機會。

西方晚期有一種特別的改造說，把犯人的為非作歹行為視為一個要醫療的疾病，而不是一個要懲罰的罪惡。這些學者認為人之所以會犯罪，是患了對社會生活不適應之症，而這種病都是來自後天的環境（破碎的家庭、無父母之愛、無人監管、無朋友關懷、長大於貧民窟中、心理不正常、被踢入黑社會）。因此，人之所以會犯罪，是我們（社會）的錯，而非犯人的錯。把罪犯判處死刑，只是逃避問題，而非解決問題；所以要反對死刑。

15.7 改造說的缺陷

刑罰理論中的改造論希望藉着刑罰來改造一個人，使他離惡遷善，出黑暗入光明；這樣不單對他自己有益，對社會整體也有利，所以要堅決反對死刑。

這個理論理想崇高，慈悲博愛，值得我們尊敬。可是它也有以下 3 個缺點：

1. 在監獄的環境中來對犯人加以改造，這種努力的成功率有多高？在監獄這個與世隔離的環境中表現良好的，於出獄重回花花世界後，有多少人繼續表現良好？假如政府有那麼大的本領可以使罪犯洗心革面，得到重生，何以無能把這本領施展於罪惡未發之先？要犯人改邪歸正這個目標是沒有人會反對的，問題是我們得務實一點，考慮清楚究竟刑罰是否能完成這個艱鉅的任務？我們對法律是否有太天眞的憧憬，寄望法律透過刑罰來解決人類的道德問題？刑罰是否有其內在限制，改由政府以外的其他社會力量（如宗教、道德教育團體）來對犯人作道德改造，效果會否顯著地更好？

2. 把監獄當作道德診所及道德手術室，會帶來一個很可怕的政治後遺症——加強政府牢牢控制人民的能力。假如監獄的任務是要進行道德教育，犯人的道德觀（按照政府的標準）一天不改變，一天都得不到釋放，那豈不是強迫犯人作道德洗腦？由政府來從事對犯人的道德教育，並以延長禁錮時間來作威脅，是一個非常危險的政治安排。政府可因此而對政治異己分子進行迫害，動輒以精神污染，道德觀念搞不通爲理由，長期禁錮他們。

3. 最近的改造說把人的犯罪行爲視爲疾病，認爲因此罪犯不需要對他的罪行負責。可是就算犯罪行爲是一種病，我們可以問，病者是完全無辜，身不由己地染上這病？還是他也要對罹患上這病負責任（如吸烟人士要對其肺癌負責任一樣）？這個理論認爲犯人的邪惡罪行其實只是一種病，不能算是眞正的邪惡。可是我們知道人無論在殘忍、狡猾、陰險、奸詐、暴戾、毒辣、兇悍等方面，都是"萬物之靈"，究竟人要多邪惡我們才說這個罪犯是邪惡，而不只是生病？要替罪犯找理由開脫他們的刑罰責任，是否否定了他們自由選擇爲惡的能力？人如果沒有自由選擇爲惡的能力，也就沒有自由選擇爲善的能力了，人豈非不再是道德主體？

　　再者，上述這種新的改造說也與經驗事實有衝突。不少罪犯是來自溫暖的家庭，接受過高等教育，生活豐足；他們的犯罪，只是個人一念之差（如貪婪），而不能歸咎於不良的後天成長環境。

　　改造說既不能成立，我們如要反對死刑，便要找更充分的道德理由。

問題討論：

1. 法律上的刑罰，主要應該是爲罪犯個人而設？爲社會而設？或兼爲個人及社會而設？試用你對上述這個問題的答案，來評論刑罰理論中的報應說、阻嚇說、及改造說。

2. 整體來說，你覺得報應說、阻嚇說、及改造說這3個理論，哪個最可取？

3. 傳統儒家的刑罰理論，是"明刑弼教"說。換言之，法律刑罰本身沒有獨立價值，只是輔助（"弼"）道德教化（"教"）的手段而已。北宋理學家程頤在評解《易經》時（《易傳》蒙卦初六），便把這觀點解釋得很清楚："發下民之蒙（按：即啓發下民之蒙昧），當明刑禁以示之，使之知畏，然後從而教導之。自古聖王爲治，設刑罰以齊其衆，明教化以善其俗，刑罰立而後教化行；雖聖人尙德而不尙刑，未嘗偏廢也。故爲政之始，立法居先，治蒙之初，威之以刑者，所以脫去其昏蒙之桎梏。桎梏謂拘束也，不去其昏蒙之桎梏，則善教無由而入。既以刑禁率之，雖使心未能喩，亦當畏威以從，不敢肆其昏蒙之欲，然後漸能知善道而革其非心，則可以移風易俗矣。苟專用刑以爲治，則蒙雖畏而終不能發……。"根據上述的論點，你認爲程頤及儒家的刑罰理論，比較上較接近西方哪種刑罰學說？這種刑罰理論會支持還是反對死刑？

16

生命權與死刑

16.1　殺人犯有沒有生命權？

　　在第十五章我們已討論過報應說、阻嚇說和改造說這 3 種主要刑罰理論,並且分別指出它們都有嚴重缺陷,不能對贊成或反對死刑提出充分的道德理由。此外, 要決定死刑是否合乎道德,還必須要考慮另一個重要因素,就是人的生命價值。

　　假如我們接受每一個人的生命都是神聖的, 或贊成每一個人都有人權(包括生命權), 便很難贊同死刑。所謂生命神聖, 或生命權這一個人權, 是每一個人, 不論智愚、賢惡、貴賤、君子或小人, 都可以平等享有的。既然如此, 死刑便是不尊重犯人生命的神聖性, 是侵犯了他的人權(生命權)。

　　有人會回答說:"生命的神聖性並非至高無上, 人的 *165*

生命權也並非絕對的；只有清白無辜的人的生命才值得珍惜，他們的生命權才該受尊重。殺人犯的生命並不是清白無辜，正如發動侵略戰爭的軍人的生命並不是清白無辜一樣。所以在自衞性戰爭（及在遇襲的自衞和保衞其他遇襲的人時），我們可以殺侵略者，在刑罰中也可以處死殺人犯。」

可是在上述論證中，「並不是清白無辜」一辭是歧義的，殺人犯的「並非清白無辜」與侵略軍的「並非清白無辜」只是名同實異，不可混爲一談。**根據正義戰爭論**，人之所以可以在保衞國家的戰爭中殺人，是因爲殺敵軍是解除同胞生命威脅的逼不得已和最後手段；當一切和平解決問題的方式都不能阻止敵人的侵略時，才可出此「殺手鐧」。是故當我們說：「侵略軍的生命並非清白無辜」，意思只是「侵略軍的行動威脅到其他無辜人的生命」；把他們的生命奪去，**並非意在殺人**，而是意在消除威脅，挽救人命。可是當我們說「殺人犯的生命並非清白無辜」，意思並不是「殺人犯的行動會（在將來）威脅到其他人的生命」，因爲他已被捕，與世隔絕，不再張牙舞爪，而乃是「殺人犯是有罪的，因爲他（以前）謀殺他人」。把殺人犯的生命奪去，很明顯的，是**意在殺人**。

從保衞生命的角度來看，當兩個同樣神聖的生命不能兩全的時候，只能廢棄侵略軍的生命權，而保護無辜受威脅的人的生命權，所以可以殺侵略軍。可是在刑罰中，情形與一場侵略戰不同，被捕的殺人犯的生命權並沒有與其他活人的生命權起衝突，我們不再是在一個魚與熊掌的兩難之間，所以沒有必要褫奪殺人犯的生命權。

是的，生命權並不是絕對的，所以我們可以同意剝奪侵略軍的生命權。可是，正如上述所言，一個被捕的殺人犯與一個在進行侵略的軍人情況迥然不同，不能相提並論。若有人認為我們可以褫奪殺人犯的生命權，必須要另尋有力的論據。在16.2及16.3節中，我們會討論兩種這樣的論據。

16.2 廣大市民的生命權

要尊重人生命的神聖性及人的生命權，不能只把焦點集中在殺人犯身上，也要照顧可能受害的廣大市民。

贊成死刑的人會說："雖然殺人犯現已被捕，與世隔絕，不再張牙舞爪，可是他日出獄之後，他還是可能會去殺害當日出庭指證他的人及其他無辜的人。所以站在保衛生命的角度，非要乾手淨脚，用死刑把這個威脅除去不可。我們需要褫奪殺人犯的生命權，以保障其他可能受害者的生命權。否則罪犯生命有保障，市民生命却無保障！"

可是為什麼非要用死刑不可？終身監禁不也是可以

保障市民生命嗎？除非這個殺人犯有超人的神通，能飛天遁地，穿牆而過，禁錮不住，否則我們沒有必要非要用死刑不可（就算他真的有神通，我們也只能夠說他有再去殺人的可能，可是這個可能成分又有多高呢）。

贊成死刑的人會再說：「就算這名犯人沒有飛天遁地的神通，可是萬一這名犯人逃獄呢？那不是養虎為患嗎？為了免除後顧之憂，還是要動用極刑，把這名殺人犯處死，以保障其他人的生命權。」

可是根據這個「動用極刑來保衞其他人」的邏輯，我們豈非要把所有強姦犯都處以宮刑，把所有扒手斬手，把所有持械行劫者都斬手斬腳！這不是太殘忍一點嗎？為什麼我們要假定所有犯案者都一定會再犯？

贊成死刑的人也許會縮窄範圍，說：「我們可以終身監禁只殺過一個人的犯人；可是那些連環殺手殺人無數，應該處以極刑。這些瘋狂殺手已是人面獸心，狼心狗肺，非要加以人道毀滅不可。對於那些無人性的人，我們不須再講人權。」

只不過，人權思想的特色是只要你是人（不問智愚、賢惡、貴賤、貧富、功過、君子或小人、對社會有沒有貢獻），都可以享受人權。人權並不是一種報酬，一個獎賞；人權並非奠基於功德、優點、成就、或好行為上。只要你是人類的一分子，便可以享有人權（包括生命權）。

人之所以有人權，是因為人的本然價值——從儒家的角度來看，是人皆有仁心或善性；從佛教的角度來看，是人皆有佛性；從基督宗教的角度來看，是人皆有神於創造和救贖時所賦予的價值。**一個人不管多罪孽深重，多"人面獸心"，他還是一個人，**他的人權不會自動消失。

要保障廣大市民的生命權，並沒有必要非要褫奪罪犯的生命權不可。

16.3 殺人償命，欠債還錢

從道德的角度來評論死刑，必須要注視人生命的神聖性或人的生命權這個問題。在上兩節的討論中，我們下了兩個結論：**1. 殺人犯**生命的神聖性要求廢除死刑；**2. 可能受害人**生命的神聖性不一定需要死刑才得保障。現在我們要反省一下，**受害人**生命的神聖性是否要求執行死刑？

贊成死刑的人會說："沒錯，殺人犯的生命是神聖的，可是我們不要忘記，被謀殺的人之生命也是神聖的，所以非要賠償不可。換言之，死刑非但沒有忽略生命的神聖性，反而是對生命神聖性的最高尊敬表現；生命是如斯寶貴神聖，所以非要以命償命不可。"

這種論調有一個很奇怪的邏輯——用殺生來尊生。希特拉殺了600萬猶太人，難道我們要殺600萬德國人來表示我們對受害者生命的尊敬？死者已死，是否一定要透過再殺一個（或多個）人，才能表示出我們對人命的珍惜？筆者絕不是說犯人的生命比受害人的生命更神聖。沒錯，死者的生命也是同樣神聖寶貴，但死者已死，受害人的生命已是無可挽回。把犯人處死，又不能使受害人還魂復生，而只會再奪人命一條，於事無補，何苦來哉？

中國人常說：“殺人償命，欠債還錢。”其實這句話背後的思路是完全不能成立的。欠債應該還錢，因為若不還錢，借方無損失，貸方卻有損失。若還錢，借方雖或有損失（他畢竟是少了一點錢），貸方卻無損失。所以不管借方是否還錢，總有一方有損失，淨損失是一方。借方既然理虧，便應還錢，由他來蒙受損失，而不是由貸方來蒙受損失。

在殺人的情形卻非如此。有人被謀殺，已是一方損失；再判殺人犯死刑，只是使人命的淨損失增至雙方，於事無補。除非把殺人犯處死後，如中國古代民間小說所講的，能帶着他的魂魄下到陰曹地府中招魂，以命贖命，把受害人的命贖回到陽間；否則，把殺人犯處死，從人命的角度來看，是得不償失（所得是零，所失是另一條生命）。是故，“欠債還錢”是合理的，“殺人償命”卻是講不通的。所謂“血債血償”，也是似是而非的說法，背後恐怕是隱藏着一些血腥的報復心理或原始的洩憤心理而已。

是的，社會中有些罪惡實在令人髮指，引起廣大的公憤。民憤要平，所以要把這些罪犯刑之於法，而不可讓他們逍遙法外；可是，用殺人的方式來洩憤，是帶有危險性的，因爲這會使血腥蔓延。用殺生來尊生，是"打着紅旗反紅旗"，以尊生之名來行殺生之實。

　　根據報應說這個刑罰理論，殺人犯應該受重罰，只是不必動用死刑。

問題討論：

1. 自古以來，中國一直都有死刑。可是，儒家的主流思想却認爲"人之初，性本善"；人皆有善端，人皆可以成堯舜，成聖成賢。假如儒家思想是正確的話，殺人放火的强盜，本質上仍有一點善性，所以我們是否應該給他多一次機會，改過自新，而不應實行死刑，剝奪他改過遷善的剩餘機會？

2. 不少香港市民認爲，與殺人犯講人權，是"婦人之仁"，"無厘頭"到極點。你同意嗎？爲什麼？

人 權 與 其 他

17

權　利

17.1　何謂權利?

　　"人權"是一個很流行的口號。正如很多流行的政治口號一樣,很多人都把"人權"掛在嘴邊,但大部分人都不甚了解這個術語的準確意義。

　　要弄清楚"人權"的意義,首先要釐清"權"的意思。

　　一般口語上所謂"權"或"權利",其實是可以有幾種不同的意義。換言之,"權"或"權利"是歧義的。

　　首先,"權"或"權利"可能只是指一種許可而已。當我們說"張三有權去做×",意義可能只是"張三沒有義務去避免做×",或"張三做×不是做錯的"。例如說,張三有權在遇襲時自衛,有權在上巴士付車費後坐下來……。

其次,"權"或"權利"也有可能是指一種合理的索取。當我們說"張三有權去做×"時,意思是"張三對×有一個合理的索取",及"李四或其他人有義務去讓張三得到×"(提供×給張三或避免奪去張三的×)。作為"合理的索取"的權,才是"權利"一辭的最重要意義。人權、版權、財產權等都是指這種權。

"權",可能只是許可的代名詞,也可能是一種合理的索取,關鍵是**其他人有沒有一個相對應的義務**。

例如說,買了地車票進入地車站後,便有權進入地車車廂坐下來;買了電影門票後也有權進入電影院坐下來。但前者的權只是一種許可,後者的權卻是一種合理的索取。這是因為表面上雖然兩者都是涉及一個坐下來的權利,但在前者,地車公司沒有義務替每一個購票乘車者提供一個座位(有空座位,你可以坐下;沒有空座位,你可以站在車廂中,或等下一班車碰碰運氣)。所謂你有坐下來的權利,意思其實只是假如車廂中有空座位,你坐下去,這不是錯的;你有坐下的許可。

買了電影門票有權坐下來的情形便不同。這個坐下來的權利,是一個合理的索取,而不只是一個許可而已,因為院方有義務提供一個座位給你。你不單獲得許可可以坐下,而且萬一沒有空位讓你坐下時,你可以向電影院抗議,要求他馬上撥出一個空座位給你。

真正的權利,不單只是一種許可而已,而是一個合 *175*

理的索取,一定會將一個相對應的義務**加於**其他人身上。任何人擁有一些權利時,另一些人必然地會**因此**而要承擔起一些相對應的義務。權利存在於先,義務出現於後。

17.2 權利與義務

要準確把握人權的性質,首先要清楚了解權利是什麼。

眞正的權利,不僅是一種許可而已,而且也是一個合理的索取,會把一個相對應的義務加於其他人身上。現再舉一例以說明之。

我們可以說,未婚的香港男人都有權和現任的香港小姐結婚,但這並不是一個眞正的權利,而只是一種許可而已。換言之,假如你是未婚的男士,你和香港小姐結婚不是錯的,你沒有義務避免和她結婚;但這並不表示你可以合理地索取她下嫁於你,而她也沒有義務非下嫁給你不可。她不肯下嫁於你,並沒有侵犯你的權利!

債權、選舉權、財產權等才是眞正的權利,因為根據這些權,你向負債人索取還款,向政府或有關機構索取選票,都是合理的。而相對應的,負債人有義務給你還款,政府或有關機構有義務向你提供選票,其他人有義務不去奪走你的財產。當他們沒有履行上述義務的時候,便侵犯了你的權利。

眞正的權利，包括 4 個要素：1.權利擁有人（或稱權利主體）；2.權利對象或內容（或稱權利客體）；3.義務承擔人，及 4.一種合理索取的關係。先有權利，然後便產生相對應的義務；當義務承擔人拒絕履行這個義務時，便是**侵犯**了權利擁有人的權利。

　　以上已簡介完 "權利" 與 "許可" 的分別（雖然兩者都會用 "有權去做×" 這個方式來表達）。以下要再進一步解釋一下權利和義務的關係。

　　正如上述，**任何權利都有一個相對應的義務**（義務承擔者的多寡則因權利而異），但**並不是任何義務都有一個相對應的權利**。譬如說，很多學者都認爲爲善助人的義務是沒有相對應的權利；換言之，張三雖然有義務去幫助社會上有需要的人（如施捨金錢給乞丐、星期六買旗、借錢給朋友等），但乞丐、慈善機構及朋友並沒有權利向張三索取金錢。就算張三一生人一毛不拔，從不幫助有需要的人，我們頂多只能罵他自私、無情、冷血及忽略義務，但不能控告他侵犯了這些人的權利。

　　假如你每天都乘地車上學，並且有一個習慣，每次經過地車站出口處時，都會把一元硬幣放進一位行乞的老婆婆的行乞盤中；你覺得你有義務去幫助她。可是，假如有一天，當你把一元硬幣放進她的盤中後，正欲繼續往前行，她却把你叫住，說："哥哥（或姐姐）仔，一元不夠，我們加價了！" 你會怎樣反應？大概你會覺得 *177*

她是痴人說夢吧，因為雖然你覺得有義務去幫助她，但她却沒有權利每天向你索取定額的金錢。

權利一定帶來義務，義務却不一定帶來權利；因此，權利的約束力比義務更強。

17.3　3種獲取事物的方式

人生在世，有很多需要，也有很多慾望，權利是幫助我們獲取一些事物的一種方式。為了要突顯出權利的性質，我們可以把它與另外兩種獲取事物的方式（請求與命令）作一個比較。

1.請求本質上是跟對方說："拜託拜託。"在求別人（如借錢、幫忙、寬恕等）的時候，難免會羞怯、難為情、尷尬、不好意思、或難以啓齒。當對方答應我們的請求時，我們會覺得這是對方的一種恩惠、賜予和恩德，所以我們應該感激、鳴謝（"謝主隆恩！"）。相反的，對方若不答應我們的請求，我們雖然會失望，但也無可奈何，最多怨一句命苦或暗罵對方沒人情味罷了，而不能怪責對方做了對不起我們的事情。

2.權利是一種合理的索取。當我們擁有權利（如在電影院購票後坐下來看電影的權利）的時候，我們毋須別人批准便可以享用一些事物。我們可以堅持和催逼別人把這些東西給我們，對方是不能推託，因為這些東西本來就是屬於我們的。我們可以理直氣壯地去索取，振振有詞地去堅持，不用臉紅，不須覺得難爲情。在行使我們的權利，索取一些東西的時候，我們也不用有感激的心懷，因爲這是理所當然，是我們受之無愧的東西。對方只是把非要給我們不可的東西還給我們，履行無可推卸的義務，責之所在，不能不作而已。（當借主把錢還給我們的時候，哪須向他三跪九叩？）相反的，假如對方不尊重我們的權利，對我們的索取不聞不問，我們可以生氣、抗議、義正詞嚴地斥責對方，口誅筆伐，追究到底。

3.命令是因爲擁有權力，而作出高壓的要求。它可以是合法（如軍官對士兵）或非法（如持械行劫的匪徒對金舖職員）。當我們用命令的方式來獲取事物的時候，態度可以是驕橫跋扈、不近情理、或橫蠻霸道。命令若得到回應，是因爲對方奉命而行，服從權威，被迫就範；所以我們會認爲對方是“乖仔”，“識做”。相反的，對方若不服從命令，我們可以大發雷霆，實行懲罰或報復。

總括來說，請求是下而上，命令是上而下，而權利却是平等的。

中國人有很多和“求”有關的詞語（如請求、乞求、央求、哀求、懇求、祈求、追求、尋求、探求、求偶、求情、求教、求告、求饒、求學、求親、求見、求生、求死、求援等，不勝枚舉），和權利有關的片語却相當少，這是中國文化的悲哀。當生活中事事都要去求，而不能合理地去索取時，正顯示出不平等的社會關係。用"求"字來形容一己的活動，固然有時是謙虛的表現。但道德會被政治所利用，專制統治者會表揚謙虛和自甘卑微的美德，以培養出人民的奴才性格，方便高壓的專制獨裁統治。

古代中國沒有權利的觀念，一點都不奇怪。

17.4 權利何價？

討論一些與權利有關的問題，也許有人會認為這是多此一舉："沒有權利這個觀念，我們還不是一樣可以快樂和諧活下去？難道一個沒有權利觀念的社會有嚴重的缺陷？"

針對上述的質疑，美國哲學家范伯格（Joel Feinberg）即於1970年發表了一篇有名的論文〈權利的性質與價值〉，解釋何以權利這個觀念在道德生活中是非常重要。

他在此文中邀請讀者一起設想一個完全沒有權利觀念的社會，並把這個社會與一個有權利觀念的社會作一比較。

范伯格把這個完全沒有權利觀念的社會稱為"無何有之鄉"（Nowheresville）。在這個社會中，1.居民一般來說尚算是好人，仁慈、公平、有同情心。2.他們雖然沒有權利觀念，但却有義務感來行事為人。3.他們還會有超義務的作為；在道義之外，還會作額外的餽贈及獎賞等。4.在一般社會中無可避免的權利（如因擁有財產、契約、交易、借貸等而產生的權利），在"無何有之鄉"中都不會出現，因為在這個社會中，一切權力都由一個至高無上者（上帝或皇帝）所獨佔。人與人之間，任何的契約、交易、借貸和盟約，都要透過這個至高無上者作中間主持人，所有因這些活動而產生的權利因此都歸他所有，但所有因這些活動而產生的義務則仍歸參與的人。換言之，張三借錢給李四後，李四有義務去還債，但張三却沒有權利去追債，去索取還款，因為所有權利都集中在至高無上者一身。

因此，"無何有之鄉"也會有穩定的人際關係及社會生活。問題是，我們喜歡活在這種社會中嗎？范伯格的答案是否定的。因為在"無何有之鄉"中，人性也有弱點。萬一我們受欺騙、凌辱、歧視，遭遇各種不合理待遇，我們不能理直氣壯向對方索取合理的待遇（因為沒有權利或合理索取的觀念），我們頂多去請求和勸喻對方，但不能要求或堅持對方做什麼。倘若對方不改，我們便只能寄望至高無上者干預及默默受苦。

有了權利的觀念便不一樣，我們可以化被動（希望對方改變）為主動（向對方索取合理待遇）。我們並不限於無奈地提醒對方:"**你**沒有履行義務",更可以向對方宣告:"你侵犯了**我**的權利!**我**要向你索取一些你非要給我不可的待遇!"權利爲我們提供了一個抗議的道德立足點,站在其上,我們可以指着對方的鼻子,直斥其非。權利是一個武器,使我們能平等地對抗別人(私人或官吏)所加諸的不合理待遇,維護一己的尊嚴。權利的重要性及價值,正在於此。

18

人權思想史

18.1 人權思想的進程

　　"人權"這個口號雖然在現代社會響徹雲霄,但這個詞語却是一個現代產品,在20世紀中葉以前,很少被思想家或政治家所提及。雖然如此,這個專門術語背後的思想却有幾百年歷史,透過不同的名稱及理論來表達。

　　人類對人權思想的自覺,是在英國開始的。1215年英王約翰被迫簽署的《大憲章》,是西方政治史上限制君權的一個里程碑,奠定日後爭取人權的基礎。人權政治思想的正式出現,是要等到17世紀。在這個世紀中葉,清教徒革命的成果雖然不能持久,但1688年的"光榮革命"終於再有突破,不但推翻了暴君詹姆士二世,並且於次年(於中國爲康熙二十八年)頒佈《權利法案》,再進一步限制皇室的權力,鞏固國會的過問國事權,並且定下一連串保護人身安全的法律保障，使人民不再受政府欺凌，因爲這是"這塊國土上人民的眞正、自古以來不容置疑的權利"。同年，哲學家洛克結束了他在荷蘭的流亡生活，重返國土，並馬上出版了《政府二論》，提出了人皆生而平等，爲了要實踐上帝給我們的責任；因此，人皆擁有生命、自由及財產等權利。

洛克的人權哲學，不僅在英國成爲鞏固光榮革命及支持《權利法案》的理論基礎，並且還跨越大西洋，在新大陸的英國殖民地中發揮了無比的影響力，美國的"立國之父"都深受他的政治哲學所薰陶。1776年13個州聯合正式宣佈脫離英國而獨立，所發表的《獨立宣言》，便是洛克哲學的濃縮版："人人生而平等，造物主並且賦予他們一些不可轉讓的權利，其中包括生命、自由和追求幸福。"11年後，這個新成立的國家起草了一部國家憲法，但惟恐聯邦政府權力過大，所以在憲法後又附加一篇《權利法案》，保障國民的權利。

兩年後，法國大革命爆發，受了美國《獨立宣言》的啓發，發表了《人權及公民權宣言》，成爲人類歷史上第一篇以人的權利爲主題的政治文獻："一切政治結合的目的都在於保護人自然和不可侵犯的權利；這些權利是：自由、財產、安全以及反抗壓迫。"

18世紀是人權思想的極盛期。但到了19世紀，歐洲人所關心的是國家、民族及社會，而不是個人，所以人權思想便一度沉寂，直到第二次世界大戰後，聯合國成立後才再一次被提出來。

18.2 洛克的人權論

約翰·洛克（1632—1704年）不單是西方經驗主義哲學的鼻祖，也是自由主義的開山祖師，人權思想史中首要的理論家。

洛克不是一個閉門造車的政治哲學家。他的人權思想，除了建基於他的基督教信仰外，也來自對實際政治事務參與的反省。洛克因爲醫好了莎夫茨伯利伯爵的頑疾，受他賞識，成爲他的政治顧問。這位伯爵是當時英國政界舉足輕重的人物，洛克的政治生涯也因此與他一起浮沉。1682年，莎夫茨伯利伯爵因爲在反對英皇詹姆士二世的政治鬥爭中落敗，流亡到荷蘭。翌年，洛克也惟恐被捕而相繼流亡至荷蘭，成爲英國要求荷蘭引渡的24名政治犯之一。

在這段沉痛的流亡生涯中，洛克寫成了他的政治哲學鉅著《政府二論》。當"光榮革命"（1688年）成功後，翌年，他便與新的皇后瑪麗坐同一條船重返故土，並且即時出版了這本在流亡生活中產下的嬰兒。

這本《政府二論》一方面反駁了守舊的專制主義政治思想，另一方面又提出了人的權利、社會契約及政府權限等新思想。在實際政治效果上，這本著作成爲支持光榮革命及《權利法案》(1689年)的政治運動之理論根據，並且在數十年後，成爲北美新大陸推行獨立革命的領導人的聖經。1776年北美13個州的聯合《獨立宣言》到處都是洛克思想的影子。尤有甚者，1789年法國大革命也受到美國《獨立宣言》的啓發，發表了《人權及公民權宣言》，所以洛克一個人所提出的政治哲學，直接及間接影響了英、美、法三國的革命思想，影響不可謂不深遠。

在《政府二論》第二卷，第二章，第六節中，洛克指出人的生命來自上帝，所以除了上帝以外，沒有人（包括我自己）可以擁有我的生命和自由，我只是這個生命的管家，受神所託去照顧和愛惜它。既然我們有這個由神而來要照顧自己的責任，便可以放膽向其他人索取不傷害自己的行動。我們有權不受傷害，這是一個合理的索取（而不只是一個請求或希望而已），是每一個爲神所造的人都可以享有，不容剝奪的權利。政府的成立，是一個後天的設計，爲要有效保障人先天從神而來的權利。所以，當一個政府竟然不斷去侵犯人的權利時，人民便有權起來推翻這個政府。政權雖是神授，君權却是人授，所以可以爲人所收回。

18.3　18世紀的人權觀

在洛克的人權哲學中，要注意的是，洛克並沒有用
"人權"這個稱號，也沒有說人天生下來便自然而然擁
有生命、自由和財產等權。洛克的人權觀是建立在基督
教的世界觀上，人之所以能夠理直氣壯向其他人索取，
振振有詞向他們堅持他們不可以傷害一己，是因為人從
神領受了一個責任，去照顧這個神所擁有但交給人託管
的生命。所以，人與人的關係是以人與神的關係作基礎。

美國的"開國之父"都深受洛克思想所影響，所以
傑弗遜（T.Jefferson）在《獨立宣言》（1776年）中寫下這
句到現在還在美國家傳戶曉的名句："我們認為這些真理
是不言而喻的：人人受創造而平等，造物主並且賦予他
們一些不可轉讓的權利，其中包括生命、自由和追求幸
福。"不少人認為美國《獨立宣言》主張"天賦人權"，
這種講法是不準確的，因為宣言中的"造物主"明顯是
指基督教的神，而不是抽象的"天"。換言之，美國的
《獨立宣言》是緊隨上一世紀洛克的腳蹤，把人權建立
在基督教的世界觀上。

可是，這種帶有宗教色彩的人權觀很明顯不是人人
都可接受的。特別是西方18世紀是啓蒙時期，很多思想
家都想掙脫基督教和天主教的束縛，放膽用理性去追求

真理，所以人權思想也擺脫了上帝，而用"自然權利"（natural right）的稱號出現（如法國大革命的《人權及公民權宣言》的第二條）。

在啓蒙時期，有些思想家認爲宗教與理性是不相容的（如伏爾泰等）。但也有些思想家認爲兩者是並行而不悖（如洛克等）。根據後者的看法，上帝是在天地萬物中啓示自己的上帝，所以這個世界中一切的自然秩序，也就是上帝所設下的秩序。而人旣可以憑理性去認識這個自然秩序，也就是可以用理性去認識上帝及上帝對人類生活的指示。所以18世紀西方的思想界流行講"自然宗教"、"自然法律"、"自然道德"等，"自然權利"這名稱也因應這股思想潮流而生。

所謂"自然權利"，是指出人的權利是與生俱來，是人所固有，非政府、社羣或神明所賜予，所以也不是政府所可以侵犯或奪去的。（現代中譯常把它譯爲"天賦人權"，形而上色彩便太濃了。）

"自然權利"這口號雖在18世紀西方政治中紅極一時，但它背後的思想卻經不起哲學家的批判，所以便在19世紀中悄然隱退。

18.4　20世紀的人權觀

　正當自然權利論在18世紀西方政治紅透半邊天之際，

哲學界便開始對它質疑。英國的柏克（E.Burke）在1790年便對法國大革命展開抨擊（見其《對法國大革命的反思》一書），是學術界所共知的；英國哲學家邊沁（J. Bentham）在1816年出版的〈無政府的謬誤〉中更對《人權及公民權宣言》作逐點駁斥。在德國，黑格爾和馬克思都對自然權利論作無情的批判。

批判自然權利論的人都質疑：為什麼人天生下來便固有一些權利？有什麼根據？“自然”是一定好或對的嗎？為什麼“自然”的東西一定擁有規範力或約束力？

自然權利論者都沒辦法對這些質疑提出有力的回答，再加上在19世紀，思想界的注意力是在民族、國家、社會，而不是在個人，所以人權思想便在思想界中隱退，直到第二次世界大戰後聯合國成立後才再復甦。

20世紀的人權觀與17和18世紀的人權觀頗有出入。

1. 聯合國於1948年12月10日大會通過《世界人權宣言》，於是“人權”（human rights）一詞便開始流行，取代了以前的“自然權利”（natural rights）。換言之，現代人權觀所最強調的不是人如何得到一些基本權利（是先天與生俱來的？還是後天由政府或社群所賦予的？）而是什麼人可得到這些基本權利（只是少數符合某些條件的人才可得到？還是只要你是人類的一分子便可無條件地得到？）。

2. 17和18世紀的人權理論主要是針對人身安全權和 189

人身自由權（也稱為公民和政治權）而言，聯合國的《世界人權宣言》則把衣食、居所、教育、醫療等福利權（也稱為社會和經濟權）也包括進人權範圍（只不過今天還有不少學者認為福利權不能算是人權）。

3.以前的人權理論主要是針對統治者的暴政而發，是每一個國民反抗暴君的武器。現代的人權理論除了有上述的功能外，還針對民主國家中所謂"大多數人的暴政"而設，是任何形式的"少數民族"（種族、宗教、政見、性取向等）自衞的武器。

此外，有些現代人還提倡民族權、國家權、動物權、環境權、地球權等，這都是發前人所未發的。

問題討論：

1. 聯合國於1948年所公佈的《世界人權宣言》，一直受
   到不少來自不同背景人士的不同質疑。在西方社會，
   最具爭議性的莫過於第24條："人人有休息及閒暇之
   權，包括工作時間受合理限制及定期有給（按：即有
   薪）休假之權。" 對於富裕的國家來說，有薪假期或
   "放大假"是毫不稀奇；可是對於貧窮的社會，他們
   有能力提供這項"人權"嗎？這到底是權利，還只是福
   利？假如我們承認有薪大假是人權，以香港的情形來
   說，不少街邊小販、的士司機、及大廈看更是一年工
   作365天的，他們的人權是否受到侵犯？

2. 《世界人權宣言》第1條的上半說："人皆生而自由；
   在尊嚴及權利上均各平等。" 這裏暗示了人權的基礎
   是人的尊嚴。爲什麽世上每一個人都有尊嚴？根據何
   在？何以只因爲我有尊嚴，便可以向全世界的人合理
   索取一些事物，使到全人類都對我有一個相對應的義
   務？除了人的尊嚴外，人權是否可能另有成立的根據？

19

孝道與現代社會

19.1 孝行5種

傳統中國的倫理道德對香港的影響已不太大。孝道，比較例外，仍對香港的中國人具有道德說服力量。

我們常把"孝"字掛在嘴邊，可是究竟何之謂孝？根據一些學者的研究，在先秦至兩漢時期，有5類行為可以稱為孝行：

1.奉養父母。如《孝經》在第一章所說："夫孝，始於事親"；在第六章也指出"養父母，此庶人之孝也"。

2.敬重與順服。孔子說："今之孝者，是謂能養，至於犬馬，皆能有養，不敬何以別乎？"（《論語·為政》）換言之，對父母只是奉養而不尊敬，是把他們等同於籠中畫眉，門前小犬，或盆中盆栽而已。所以孟子說："孝子之至，莫大乎尊親"（《孟子·萬章上》）；《禮記·祭義》也說："孝有三:大孝尊親,其次弗辱,其下能養。"

3.傳宗接代。"不孝有三,無後為大"(《孟子·離婁上》)這句話是家傳戶曉的了。

4.光宗耀祖。"立身、行道、揚名聲於後世,以顯父母,孝之終也"(《孝經》第一章)。所謂"揚名聲,顯父母",便是這個意思。

5.哀悼與祭祖。正如《孝經》所說:"孝子之事親也,居則致其敬,養則致其樂,病則致其憂,喪則致其哀,祭則致其嚴"(第十章);"生事愛敬,死事哀慼,生民之本盡矣,死生之義備矣,孝子之事親終矣"(第十八章)。

在上述5種孝行中,奉養父母和敬重順服(第一和第二)是對父母本身而做的,孝的對象就是自己的父母。在傳宗接代和光宗耀祖中(第三及第四),孝的對象已不止是自己的父母,而是自己宗族的歷代祖先。這是中國孝的倫理特色之一。基督宗教及西方哲學也有談論子女對父母的孝行,但絕少把孝的對象延伸到歷代祖先那麼遠久。

上述最末一種孝行(哀悼與祭祖)是中國孝的倫理另一特色。西方人極少強調父母死後要在喪葬及哀悼方面大肆鋪張;反觀中國人,直到現在,還有很多孝的詞語是和父母的喪葬哀悼有關的,如孝服、孝子、孝衣、穿孝、帶孝、吊孝、掛孝、執孝、守孝、重孝、脫孝、謝孝、披麻帶孝等。因此,"孝"這個字,已儼然成為對父母喪葬及哀悼的代名詞，這是西方文化所完全沒有的。

19.2　泛孝主義

　　强調孝道，是中華民族的美德。可是過猶不及；太强調孝道，流於泛孝主義，也會產生不少流弊；正如中國古代社會一樣。

　　19.1節討論過孝的 5 種表現，那是孝的狹義。廣義的孝行，其對象已不止是父母祖宗，而可以是任何人。只要是德行，便是孝行。例如《禮記·祭義》說："居處不莊，非孝也；事君不忠，非孝也；蒞官不敬，非孝也；朋友不信，非孝也；戰陣無勇，非孝也。"同樣地，《孝經》在討論孝行時，也按照天子、諸侯、卿大夫、士、及庶人的不同階級，而作不同的規定。簡言之，只要一個人能盡忠職守，遵守一切道德禮教，便是孝子；否則，便是不孝。把孝等同於道德，是泛孝主義的第一個表現。

　　泛孝主義的第二個表現，是把孝等同於討父母歡心。孟子說："世俗所謂不孝者五：惰其四肢，不顧父母之養，一不孝也；博奕好飲酒，不顧父母之養，二不孝也；好貨財，私妻子，不顧父母之養，三不孝也；從耳目之欲，以爲父母戮，四不孝也；好勇鬥狠，以危父母，五不孝也。"（《孟子·離婁下》）換言之，雖然你的行爲對象不是父母，但不管在公德或私德當中，只要會令父母難過悲傷的事都是不孝。要盡孝道，便要竭力討父母歡心，要愛他們多於愛其他人（包括自己）。

為了要宣揚這種泛孝思想，在《二十四孝》這本書中（編於元朝）便有這樣一個故事——郭巨夫婦一向家貧，其母與他們共居，三餐勉強可以餬口。可是郭巨妻却產下男嬰；要餵飽 4 個人，資源不夠分配。郭巨恐怕影響奉養母親，便想把男嬰挖個地洞活埋了事。可是因為他孝感動天，結果於挖洞時挖出一桶金子，於是全家的生計便得解決。為了愛自己的父母而可以不愛自己的兒女，是泛孝主義的流弊之一。

泛孝主義的另一流弊，是可以為了順從父母而不愛惜自己，如清初魏禧所說："父母即欲以非禮殺子，子不當怨；蓋我本無身，因父母而後有，殺之，不過與未生一樣！"父母至高無上，他們一天在生，我便一天沒有獨立存在價值。正是父要子亡，子不得不亡是也。

泛孝還有一流弊，是徇情枉法，為了愛父母而犧牲其他人利益。所謂"父為子隱，子為父隱"（《論語·子路》），父親順手牽羊，子女不可揭發，而要盡心掩飾。

19.3　孝順與愚孝

過猶不及，中國古代把孝道推廣成為泛孝，父母至尊無上。爲了父母可以犧牲自己（父母殺了我等於沒有生我），可以犧牲我自己的兒女（郭巨欲活埋其子以養母），可以犧牲其他人（父母犯法却要徇情枉法）。父母尤如神明，是天下間最重要的人。

可是父母只是凡人，他們的意願好惡未必正確；以父母的好惡爲最高道德標準，會帶來不少問題。孝之演變爲愚孝，便是其一。

在先秦及兩漢初期，正如前文所說，孝行有 5 種，而順從只是其一。可是隨着時間的進展，順從父母有慢慢演變成爲孝的最主要特徵的趨勢；孝而必順，不順從便是不孝。

在早期儒家思想中，父子雙方都承受道德義務，"君君、臣臣、父父、子子"（《論語・顏淵》），雙方分別有不同的道德規範，"爲人君，止於仁；爲人臣，止於敬；爲人子，止於孝；爲人父，止於慈"（《大學》）。《禮記・禮運》也說："父慈，子孝；兄良，弟悌；夫義，婦聽；長惠，幼順；君仁，臣忠。"

父子雙方既然對對方都有義務，兒女便不用單方面對父母無條件聽從。《孝經》第十五篇更指出："父有諍子，則身不陷於不義。故當不義，則子不可以不諍於父……從父之令，又焉得爲孝乎！"父母若有過錯，子女應直言勸阻；一味聽從父母命令，算不了真正的孝子。

可是到了漢代，三綱思想興起，情形便大爲改變。

所謂"三綱"，是君爲臣綱，父爲子綱，夫爲妻綱。在這君臣、父子、夫妻的 3 種關係中，一反先儒的教導，臣、子、妻要無條件順從君、父、夫；本來是雙向的倫理關係，却變成單向。爲什麼會有這個大轉變呢？原因之一是當時瀰漫思想界的陰陽五行思想。根據這種思想，天下萬物皆有陰陽、四時、五行的特性。陰陽兩性的分別是陽尊陰卑，陽貴陰賤，陽主陰從。君、父、夫皆屬陽，而臣、子、妻皆屬陰；所以臣、子、妻都要無條件服從君、父、夫。忠、孝、貞這 3 種單向的德行便突顯出來；再者，孝的主要特徵便成爲順從、聽話。

到了宋明，這種孝而必順的思想更有進一步的發展，所謂"天下無不是底父母"，"父要子亡，子不能不亡"等鼓吹愚孝的話便散播天下。

強調孝道是正確的，可是以順從來界定孝，鼓吹愚孝，是要不得的。

19.4　孝順與專制政治

"孝順"兩個字已成爲一個常用的中文詞語，而且好像還代表了中華民族一個重要的美德。可是，嚴格來說，"孝順"一詞其實是代表了中國古代的封建思想，是父權文化和專制政治的產品。

在先秦及漢初的儒家思想中，"孝"並不一定表示要

"順"，《孝經》第十五篇甚至清楚指出，只知盲目順從父命，而不對父親錯誤的行為加以勸阻，不能算是真正的孝子。

把孝界定為順，不單把孝的倫理引入歧途，而且還為專制政治提供肥沃的文化土壤。所以孝道之被歌頌發揚，是與忠和貞同時，是三綱思想的產品。這絕對不是一個偶然的現象；統治者要提倡孝與貞，並不是因為他們道德情操特別高尚，而是因為他們別有用心，要移孝作忠，及移貞作忠，加強政府的中央集權統治和對人民的控制。

孝的主要表現既然是順從，是聽話，是唯命是從，而統治者與被統治者的關係又是君"父"與臣子，是"父母"官與子民，於是人民也順理成章地要以孝事君，對皇帝絕對服從，對官吏唯唯諾諾。總而言之，國也是一個家，所以不管是在家庭中或是在國家中，無條件服從在上位者便是最高美德。

為了要加強這種愚孝與愚忠的思想，宋明的統治階級便編造出一些騙人的神話，不單"天下無不是底父母"（父母永遠是對的，所以要完全服從父母），而且"天下無不是底君"（皇帝永遠是對的，所以要完全服從皇帝）。於是乎，"君要臣死，不得不死；父要子亡，不得不亡"也成為不可違抗的天理。《資治通鑑》的作者司馬光，在另一著述《迂書》中便這樣說："父之命，子不敢違；君之言，臣不敢違。父曰前，子不敢不前，父曰止，子不敢不止；臣之於君亦然。"

　　强調孝道，但把孝行縮窄在順從，以"孝順"來解釋"孝"，便造成中國人歷來的權威性格。權威性格的特徵是向上級就俯首貼耳，唯命是從；向下級則獨斷專行，爲所欲爲。這種權威性格的形成，便爲中國的專制統治，提供一個肥沃的文化土壤，把專制政體這棵毒草養活了二千餘年。

　　現代中國社會應該繼續宣揚孝道，但大可以放棄"孝順"這個藏有不良文化因素的詞語。再者，要"父母慈、子女孝"並提，責任是雙方面的，不應由子女獨擔。

19.5　西方的愚忠愚孝

　　我們現在已清楚明白，何以"孝順"這個觀念爲中國的專制政治提供了肥沃的文化土壤。其實這種倫理爲政治服務的現象，在西方也曾短暫出現。

　　16至17世紀上葉是西方文化的轉變期。16世紀初的宗教改革動搖了整個西方文化的體系，教會權力受到前所未有的打擊，舊有的政治秩序已崩潰，但新的政治秩序並未建立起來，於是在政治思想方面便出現許多新理論，爲西方政治秩序尋出路。

　　在這些芸芸衆學說中，有一派人如法國的波丹（Bodin），英國的霍布斯（Hobbes）和菲爾默（Filmer）等，認爲應該要賦予統治者絕對權力，國家人民應該對君王無條件服從。家庭不僅是社會上一個組織，更是國家的育兒所；家長教養子女，目的是爲國家培訓好市民。因此家庭的秩序要反映出國家的秩序；在國家中人民既要服從一國之君，在家庭中子女便要服從一家之主。君權和父權都是天賦的，是絕對的，不可受限制；這是自然秩序，是天理。因此，正如中國古代一樣，這些人之所以會提出子女對父親絕對服從（愚孝）的倫理，是爲了專制政治（愚忠）而服務。

英國哲學家洛克是西方自由主義的開山祖師，在他的名著《政府二論》的下篇中，他提倡人權、社會契約、政府三權分立，及政府權限等新思想。而在該書的上篇中，他不單對菲爾默的君權神授論作出詳盡的批評，並且也批判了他的父權神授論；既批判愚忠，也批判愚孝。

洛克認爲人皆上帝所造，生而在自由方面平等，沒有一個人生下來便可駕馭支配別人或要服從及聽命於別人。兒女是上帝所賜，是屬於上帝的；因此父母對兒女沒有擁有權，而只是扮演一個保姆或管家的角色，爲上帝撫養孩子成人。父母對子女的管治權只是相對應於他們的教養責任；如果父母疏於職守，不盡家長責任，他們也會喪失對兒女的管治權力（見《政府二論》下篇，第六章，〈論父權〉）。

200　　　要重建中國人孝的倫理，不妨謙虛地參考一下西方的優點。1.視父母爲上蒼委任的保姆，對子女沒有擁有權，因此也沒有絕對管治權；子女對父母的孝也就不一定要表現於順從。2.西方人深受亞里士多德《尼可馬克倫理學》第8卷所影響，視父母與成長後子女的關係爲一種友誼，是一種互惠、互敬、互愛的平等關係。我們也可以考慮放棄"孝順"一詞，而改用"孝愛"。

問題討論：

1. 在新文化運動時期，不少中國的知識分子對傳統的忠孝觀抨擊甚烈，吳虞便是一明顯例子（胡適讚揚他是隻手打倒孔家店的老英雄）。在〈說孝〉一文中（1919年），他聲言傳統的忠孝觀"把中國弄成一個'製造順民的大工廠'"。因此，他提出了一個新的父母子女義務觀："我的意思，以為父子母子不必有尊卑觀念，却當有互相扶助的責任。同為人類，同做人事，沒有什麼恩，也沒有什麼德。要承認子女自有人格，大家都向'人'的路上走。"（見《吳虞集》，成都，四川人民出版社，1985年，頁173、177。）相隔70餘年後，你是否贊成吳虞的"新"提議呢？

2. 同樣於1919年，胡適寫了一首〈我的兒子〉的白話詩（後收入他的《嘗試集》）：

　　我實在不要兒子，兒子自己來了。

　　"無後主義"的招牌，於今掛不起來了。

　　譬如樹上開花，花發偶然結果。

　　那果便是你，那樹便是我。

　　樹本無心結子，我也無恩於你。

　　但是你既然來了，我不能不養你教你。

　　那是我對於人道的義務，並不是待你的恩誼。

　　將來你長大時，莫忘了我怎樣教訓兒子：

　　我要你做一個堂堂正正的人，不要你做我的孝順兒子。

你同意這個"新文化運動"的觀點嗎?

3. 你認爲子女是否有**義務**去供養父母？父母又是否有**權利**向子女索取供養費？你贊成"養兒防老,積穀防飢"的論點嗎?

20

生命倫理學問題簡介

20.1　器官移植的道德問題

現代醫學科技發展日新月異，除了能施行起死回生之術外，還替人類製造了不少前所未有的道德問題。在本章中我們將簡介一下生命倫理學（bioethics）中的一些爭論，現在先討論器官移植所引起的道德問題。

從事器官移植，器官的來源大致有 4：死屍、活人、尚未存在的人、動物。

用屍體器官來作移植，本來只要事先徵求當事人（死囚、或生前有立遺囑願意捐贈器官者）甘心情願的同意，或死後徵求至親家人的真心允許，便應該沒有問題。但倘若中間人從中牟利（如傳聞中國大陸有監獄人員售賣死囚腎臟給從香港去換腎的人），便使器官移植蒙上道德陰影。死囚監獄是否會成為人肉販賣市場？死屍豈非變成商品？利慾薰心的監獄官員是否會妄顧死囚及其家人的反對，盜取了器官後才退還屍體？

由死屍所捐贈的器官畢竟數量有限，供不應求，我們又是否可以用活人的器官來救急？人體中可供移植的器官包括：一個心臟或四片心瓣、二個肺、二個腎、一個肝、一個胰、二個股關節、一個下顎骨、六件耳骨、二片眼角膜、骨髓、四肢骨、肋骨、靭帶、筋、軟骨、皮膚及血管。當社會中對器官需求量高，而自願捐贈者少時，我們是否可在醫院重病房或監獄中抽籤，殺一救十，犧牲一小撮人，為社會上大多數人謀求最大的幸福？

若不求助於活人，我們也可求助於尚未存在的人。《時代周刊》於1991年6月17日的一期中報道，美國加州有一個19歲的女孩罹患慢性骨髓白血病，她的父母全國奔走尋求別人捐贈能脗合的骨髓無效。於是丈夫重駁輸精管，妻子於43高齡冒險懷孕，一切順利，生下一個骨髓能與女兒脗合的女嬰，於女嬰14個月大時，進行輸骨髓，救活了大女兒。這個事件引發了一個道德問題——蓄意製造一個生命來救另一個生命，是否有違道德？前者是否已淪為一個救亡工具，一個生命補給站，而本身的內在價值却受到忽視？假如這個嬰兒的骨髓與其姊不脗合的話，是否可以於產前墮胎，以解決這無用的多餘物資？

器官移植的最後一個來源是動物。1984年美國加州發生了Baby Fae事件，醫生以一顆狒狒的心臟移植進一個初生女嬰體內，可惜她還是夭折了。這樣械劫猿猴的心臟是否對牠們不人道？

20.2 胎兒是人還是物？

人的生命究竟是在什麼時候開始？在卵子受精時？結合體植於子宮後（懷孕二周）？胚胎略具人形，有固定的心跳和腦電波（第八周）？胎動（四個月後）？移出母體仍能養活（六至七個月後）？嬰兒呱呱落地時？

究竟胎兒是與一個人的價值相等？還只是母體中的一塊肉，一團細胞組織，一件物件？這個問題對下列 3 種行動的正當性都息息相關：

1. 胚胎實驗。我們是否可以用胎兒來作各種實驗，以預防及治療其他胎兒和孕婦的疾病，提高她們的健康水平？用死胎來作研究大概不成問題（如能得到該孕婦的同意），而用那些在子宮外是活的而且可以養活（viable）的胎兒來作實驗則肯定不行，因為這等於把新生的嬰孩作實驗品。可是那些在子宮外不可以養活但却暫時存活（有幾小時的壽命）的胎兒又如何？用他們來作實驗是相當於用垂死的病人來作實驗品？或只是用一團無意義的肌肉來作研究？再者，離開母體的胎兒與在子宮內的胎兒畢竟又有不同，我們又是否可向那些尚在子宮中的胎兒作對他們非治療性的實驗？

2.胚胎腦細胞組織移植。有一些老人病如阿滋默病及柏金遜病都是與腦細胞損壞有關,患者或肌肉失控、不能自由行動,或失憶,或智力減退,而胎兒的腦細胞組織生長力強,排斥性低,只要能在懷孕第七至十周之間剖腹取出胎兒,做腦細胞組織移植手術,便可以醫好這些難治之症。故意懷孕,**犧**牲一個胎兒(現代的靈芝仙草)來醫療自己患病的父親或母親,是否現代孝子所為?(二十四孝中之一,是講到貧寒的郭巨想活埋自己的嬰兒,希望把食物騰出來養活自己的母親。)

3.墮胎。除了古老的墮胎原因外(意外懷孕而又不想做媽媽,因姦成孕,妊娠使孕婦有生命危險),醫學科技越推陳出新,墮胎的"需要"也越大,如(1)故意懷孕及墮胎以作胚胎實驗;(2)故意懷孕及墮胎以取用胎兒腦細胞組織治病;(3)欲造人救人,但胎兒骨髓與病者不脗合,而要用墮胎來解決這無用物質;(4)體外受精,為增加成功率,便把多個受精卵放進女體;但萬一它們全都成功植上子宮壁,產生多重妊娠,為避免流產或早產而致全軍覆沒,便要把多出來的胚胎墮掉。這些墮胎是否太輕率,任意造人殺人,不尊重人的生命?

20.3 死得有尊嚴?

"安樂死"(euthanasia)字源的意思是"良好的死

亡"，現代人有時也把它視爲"死得有尊嚴"的別稱。

安樂死有自願（病者知情同意）、非自願（病者因昏迷或弱智而無能力知情同意），及不自願（病者知情而不同意，但仍被强迫去做）之分，也有主動和被動之別。

所謂主動安樂死，是採取某些行動（如注射毒液、開槍、送進自殺機器等），蓄意用人爲的方式導致一個人的死亡，使他能從極度痛苦（肉體或心靈）中得解脫；這又稱爲"仁慈的殺人"。至於所謂被動安樂死，是希望任由一個垂死的病人自然死亡，而中止或不給予任何治療上的干預（如呼吸器），不作額外和非常規的醫療操作（如用盡各種辦法嘗試要病者從昏迷中復甦），袖手旁觀，放棄搶救，容讓事態自然發展，自生自滅。主動安樂死的目的是要減少病人受痛苦折磨的日子，而被動安樂死的目的則是要避免病人被現代醫學科技所俘擄，要死却死不去，長期停留在一個瀕死的植物生存狀態，苟延殘喘。

很多人較願意接受被動安樂死，而排拒主動安樂死。這是因爲我們若阻止被動安樂死，我們並沒有延長了一個垂死病人的生命，而只是延長了他死亡的過程（現代醫學科技可促使以下的情形發生：一個病人雖已腦部死亡，但靠着呼吸器及人工餵飼的幫助，病人的肺會繼續運作，心臟也會因此而繼續跳動，腦死而心肺不死）。

一個瀕死的人若已大半個人離開人世而進入陰間，我們還何苦利用高科技緊緊抱着他的腳跟，不讓他整個人過去？進行被動安樂死，並不表示我們不再理會病者；我們雖然放棄治療的努力，但仍可對垂死的人給予很多護理關懷和人情溫暖，積極發展善終服務。

主動安樂死却不可與被動安樂死相提並論，因爲後者只是見死不救（非不想救，實不能救），前者却是蓄意殺人。就算病人在世上已是命不久矣，替病人注射毒液，向病人太陽穴開槍，拔掉病人的靜脈餵飼管及鼻飼管，或把病人送進自殺機器，仍是蓄意開啓了一連串新的因果事件，導致病人的迅速死亡；這仍是殺人。從道德的角度來看，一個簡單並節省金錢人力的解決方案，並不一定就是正確的做法。再者，就算我們的動機崇高，出於慈悲憐憫，不忍病人被病痛所煎熬，但似乎仍不可不擇手段。

取而代之，對於那些尋求主動安樂死的病人，醫療人員一方面應加強對他們注射止痛劑，另一方面應給予他們更多護理關懷和人情溫暖（病者家屬在這方面當然也是責無旁貸）。病人之所以厭世要自尋短見，並不一定是忍受不了皮肉的痛楚，而很可能是忍受不了人間的冷漠，忍受不了親朋戚友及醫療人員對他困境的冷酷無情。

再者，醫療人員若要執行主動安樂死，是否會產生角色衝突，白衣天使變成死亡天使？此舉又是否會引起住院病人的焦慮及恐慌，從而對醫生及護士的信任大減？

20.4 醫術尊嚴及醫技商業化

近代醫學倫理上很多問題，都是與醫術的天賦和尊嚴，及醫學科技商業化這兩大問題有關。

先說第一個大問題。自古以來，醫術的天職是治病、療傷、救人命、減痛楚。可是隨着科技革命，現代醫術却有一個新的發展方向，就是成為達到一些非醫學目的之工具，這些非醫學目的有兩種：個人的和社會的。

就個人目的來說，人有很多慾望都可藉醫術而得到滿足，如1.整容（割雙眼皮、增高鼻樑、隆胸等）。2.夫妻不孕，捨收養孤兒之途，而求助於夫妻關係外的第三者（代孕母或捐精者），用生殖科技替夫妻的一方製造血緣傳宗接代者。3.透過產前診斷，把女嬰墮胎，直到生到男嬰為止。

就社會目的來說，政府領導人為求社會控制，而會進行：1.優生。强迫遺傳"退化者"（如酒鬼、罪犯、弱智人士）絕育或墮胎。2.人口控制。於生下一個或兩個嬰孩後，强迫孕婦墮胎，夫妻作絕育手術。3.行為控制。透過藥物或腦的電刺激，迫使社會上的"不良分子"（如酒鬼、賭徒、同性戀者、政見異己者）改變行為。

面對這些强大的個人及社會"需要"（再加上金錢的利誘和政治的壓力），醫療人員是否仍應堅持傳統的天職（治病、療傷、救人命、減痛楚），把醫術只用於醫學用途上？或要順應新時代，識時務者爲俊傑，積極去成爲非醫學目的之附庸？

再說第二個大問題。伴隨着許多生命倫理學的共同問題，是生物醫學科技商業化的問題。譬如說：主動安樂死如不宜由醫療人員執行，而要在醫院外執行，是否會催生死亡商人這個行業，推銷無痛霎時致死術？器官移植之日趨出神入化，是否會導致人體零件工業、胚胎農場、及人肉市場的產生？生殖科技的流行，是否會誘使代孕母出租子宮，販賣嬰兒，男人到處販賣精子？胚胎實驗及胎兒腦細胞組織移植的推行，是否會誘使有些女子故意懷孕及墮胎販賣胎兒？

在一個自由市場的社會中，富有者擁有雄厚的消費力，爲求達到一己目的，必定願意出重賞，尋勇夫。貧窮者則或爲謀生餬口，或爲賺大錢，利字當頭，身體上一切都可待價而沽。至於那些"頭腦靈活"的商人，看準市場的趨勢，必定樂意穿針引綫，做上述各種與生死有關的職業之經紀人。醫技商業化，會製造更多道德迷惘。

問題討論：

　本章第 1、2、4 節已提出不少可供討論的問題，此處從略。